Raymond Homann

Du! Mutter und Vater für uns

© 2020 Raymond Homann

1. Auflage

Verlag und Druck: tredition GmbH, Halenreie 40-44, 22359 Hamburg

ISBN Taschenbuch: 978-3-347-17585-3

ISBN Hardcover: 978-347-17586-0

ISBN e-Book: 978-347-17587-7

Bibliografische Information der Deutschen Nationalbibliothek:
Die Deutsche Nationalbibliothek verzeichnet diese Publikation in der Deutschen Nationalbibliografie; detaillierte bibliografische Daten sind im Internet über http://dnb.d-nb.de abrufbar.

Du!

Mutter und Vater

für uns

oder mein ganz persönlicher
Schöpfergott

Raymond Homann

Klosterkirche Lippoldsberg an der Weser

Inhalt

Rocholtslinde mit Heiland-Kreuz bei Beller

Einleitung

Die religiöse Situation unserer Zeit

Der Glaube an Gott ist seit langer Zeit fragwürdig geworden. Nietzsches Diagnose ‚Gott ist tot‘ hat den Zustand der aufgeklärten Gesellschaft und des aufgeklärten Zeitgenossen am Ende des 19. Jahrhunderts auf den Begriff gebracht. Nach Nietzsche ist Gott nicht einfach nur gestorben – nein – wir haben ihn getötet.

Auch für uns heutige Menschen kann dieses harte Urteil nicht rückgängig gemacht werden, im Gegenteil: Ich glaube, wir haben Gott nicht nur einmal getötet, wir töten ihn fortwährend. Wie kommt Nietzsche darauf und warum sehe ich diesen Tötungsakt nicht als abgeschlossen an?

Der Mensch hat sich spätestens ab dem ausgehenden 18. Jahrhundert auf den Weg begeben, sich der Schöpfung zu entfremden. Es ist quasi der vollständige Abfall von ‚paradiesischen‘ Strukturen, in denen der Mensch sich als Teil der Natur begriffen hat. Die Aufklärung und die in der Folge einsetzende rationale Welterklärung aller Lebensbereiche hat den Menschen und die Gesellschaft in jeder Faser ergriffen und verändert. Das naturwissenschaftlich-technische Weltbild ist seit dem Urteil von Nietzsche noch viel umgreifender geworden. Nicht nur das Handeln des Menschen wird davon ergriffen, das gesamte Denken, jede Vorstellung sinnvoller Lebensumstände ist ohne dieses total gewordene Weltbild schlechterdings unmöglich geworden. Die Ambivalenz oder Dialektik dieses Fortschritts ist schon lange kein Geheimnis mehr. Die negativen Folgen für Individuen, ganze Gesellschaften und Staaten wird vielen aufmerksamen Menschen immer mehr bewusst.

Mindestens in unserer Wohlstandgesellschaft wird auch der Raum für Gott und seine Schöpfung immer kleiner. Mein Eindruck ist, in vielen Milieus und zu vielen Anlässen kann von Gott nicht mehr gesprochen werden, ohne dass man sich der Lächerlichkeit Preis gibt. Nicht nur in den Wissenschaften, sondern besonders in urbanen und fortschrittlichen Schichten ist Gott fast völlig verschwunden. Wo im täglichen Leben, im Freundeskreis, auf Arbeit, bei den Mahlzeiten, während Spiel und Sport kommt die Rede von Gott noch ernsthaft vor? Wo ist sie denn noch selbstverständlich? Was wissen wir in Europa und darüber hinaus als durchschnittliche Zeitgenossen noch von Jesus Christus, der doch für uns den Tod überwunden hat? Jede Umfrage zeigt zielsicher den weiteren Verlust von Wissen vom historischen Jesus, von christlichen Feiern und Gebräuchen. Was passiert mit uns, wenn wir vollends wesentliche Teile unserer 2000-jährigen Geschichte einfach vergessen?

Ich glaube wir verlieren den Kern unseres Lebenssinns und die Basis all unserer moralischen Handlungen.

Daneben ist Gott nicht nur in den zwischenmenschlichen Beziehungen getilgt, auch die Umwelt, die Natur wird höchstens noch in kirchlichen Sonntagsreden als Schöpfung wahrgenommen. Die Objektivierung aller Lebensbereiche hat wörtlich gesehen das Leben als das von Gott kommende Lebendige absterben lassen. Natur kann Umwelt sein, Umwelt des Menschen, die er bewohnt und nach seinen Bedürfnissen gestaltet. Das Verhältnis des Menschen zur Natur hat sich gerade nach dem 2. Weltkrieg noch einmal spürbar verschlechtert. In den letzten 75 Jahren ist die Erde so sehr durch kurzfristiges, ausbeuterisches Handeln verändert worden, wie davor in 10.000 Jahren menschlicher Zivilisationsgeschichte nicht. Nach neuesten Erkenntnissen sind drei Viertel der Landfläche und zwei Drittel der Meeresfläche auf diesem Planeten schon menschlich verändert worden. Verändert worden heißt meistens der Natur beraubt, die Natur zerstört, die Tierwelt gequält und ermordet.

Auch wenn von der Klimakatastrophe gesprochen wird, geht es um die damit verbundenen Probleme für uns Menschen, also eine anthropozentrische Sicht, eine egoistische Betrachtung der Umweltprobleme. Wo kommt in den politischen und wissenschaftlichen Diskursen dazu das Wort Schöpfung und Gott vor? Wo wird vom Schutz und Wiederherstellung der Schöpfung um ihrer selbst willen gesprochen und gehandelt?

Ich glaube die Menschheit wird ihre großen Herausforderungen schwerlich meistern, wenn sie sich nicht als integraler Bestandteil der Natur begreift. Wenn Sie die Natur nicht als anvertraute, zu hegende Schöpfung behandeln lernt, wird sie im Äusseren (politisch-sozial) wie im Inneren (seelisch) nicht zu sich selbst finden und das Lebendige verlieren.

Ziel dieses Buches

Ich möchte mit diesem Buch meine ganz persönliche Sicht der Dinge auf den christlichen Glauben richten. Ich leide lange schon daran, den christlichen Glauben nur aus der zwischenmenschlichen Perspektive zu begreifen. Der Mensch ist für mich Natur und Schöpfung wie jedes andere Lebewesen und jeder Lebensraum auf dieser Erde. Dies wirklich zu begreifen, es sich immer wieder klar zu machen – in unserem täglichen Denken und Handeln – halte ich für essenziell. Nicht nur um auf dieser Erde als Menschheit noch weiter überleben zu können, sondern um sich als einzelner Mensch selber begreifen zu lernen. Wir sind nicht die ‚Krone der Schöpfung' in dem Sinne, dass wir der anderen Natur gegenüber gestellt sind. Mit sich und der Schöpfung im Einklang sein bedarf eines integrierenden Selbst- und Weltbildes, welches der Entfremdung von mir, dem Mitmenschen und der ‚äußeren' Natur entkommt.

Für mich sind die Religionen, insbesondere die christliche Religion, bisher viel zu wenig in Ihrem Selbstverständnis, Ihrer Verkündigung, ihren Sakramenten und Feiern auf diese Naturintegration des Menschen eingegangen. Meistens geht es nur um die Erlösung des Menschen in der Menschenwelt.

Ein weiterer Ausgangspunkt meiner Schrift ist das Leiden vieler Menschen an einer falschverstandenen Gottheit. Falsch verstanden zum einen im Hinblick auf Kontrolle, Bestimmung und Bestrafung. Zum anderen sehe ich den christlichen Gott auch nicht als abstraktes Prinzip, welches mit anderen religiösen Vorstellungen austauschbar wäre. Jesus Christus, den wir Christen ja als wahren Gott und wahren Menschen betrachten, ist eine historische Person. Als Mensch hat er ein menschliches Leben geführt, hat Entbehrungen erlebt, Zweifel gehabt, hat an dem Verhalten der Menschen selber gelitten. Ein Gott, der durch Jesus Christus direkt zu den Menschen gekommen ist, ihre Sprache gesprochen hat. Der Gott der Christen ist für mich daher ganz persönlich und darf von jedem Menschen völlig familiär angeredet werden.

Mit einem emphatischen Du!

Ich betrachte Gott als Schöpfer, Gebärender der Natur und davon als Teil auch des Menschen. Daher nenne ich dieses Buch auch ‚Du! Mutter und Vater für uns'. So kommt für mich die volle, liebevolle Elternschaft Gottes für alle Menschen und alle Lebewesen am besten zum Ausdruck. Eltern auf Erden lieben gewöhnlich ihre

Kinder vorbehaltlos und ohne Leistungsnachweis. Um wie viel mehr können wir das von unserem Gott erwarten, der in Jesus Christus sich sogar für uns geopfert hat?

Für mich ist es wichtig, den strafenden Gott vollends zu verabschieden und einen liebenden, verzeihenden christlichen Gott erlebbar zu machen. Der uns so annimmt wie wir sind und uns seine Schöpfung zur Hege und Pflege anvertraut hat.

Dazu habe ich im ersten Kapitel alle wichtigen Aspekte meines Verständnisses vom christlichen Glauben dargelegt. Hier geht es mir um das spezifisch Christliche unseres Glaubens, um das, was wir von Jesus Christus wirklich wissen.

Was hat der historische Jesus im Kern als göttliche Botschaft verkörpert und was ist für uns auch nach 2000 Jahren im täglichen Leben wichtig? Wie kann sein Beispiel für uns heute lebende, ganz rational aufgeklärte Menschen, Vorbild und Leitbild sein? Trotz aller Verführungen unserer markttotalisierten Zeit sehe ich gute Ansatzpunkte, sich wieder zum Christentum verführen zu lassen. Sich als Christ zu verstehen und versuchen danach zu leben, kann uns viel mehr Lebendigkeit und Sinn geben, als jegliches irdisches, käufliches Ablenkungs- und Sinnangebot. Ja, es kann befreien, es kann uns stark machen für das so undurchschaubar, kompliziert und anstrengend ge-wordene Leben!

Im zweiten Kapitel bin ich der Frage nachgegangen, warum es rational auch in einer säkularen Gesellschaft sein kann, an Gott zu glauben. Ich sehe den Glauben an ein höchstes Wesen, das wir Gott nennen, für überaus lebenssinnvoll und daher rational an. Dabei geht es mir nicht speziell um den christlichen Gott, auch andere Religionen haben Heilsbotschaften, die dem Leben des Einzelnen und der Gesellschaft Erfüllung geben können. Es stellt sich auch in Hinblick auf die Grenzen menschlicher Machbarkeit für offen areligiöse Menschen die Frage, was ist der Sinn des Ganzen und warum ist überhaupt irgendetwas und nicht nichts? Diese Fragen gehen jeden Menschen an und ich bin der festen Überzeugung, dass Gottesglaube bessere und nachhaltigere Antworten darauf liefern kann.

Sich eine Vorstellung, ein Bild von Gott zu machen, ist für den Christen nicht schwer. Jesus als junger Mann, Gott Vater als alter Mann mit weißem Bart und die Taube für den heiligen Geist sind kulturgeschichtliches Gemeingut. Diese eigentlich dem Kinderglauben zugehörigen Gottesbilder sind für heutige Zeiten nicht mehr sinnvoll. Im dritten Kapitel möchte ich verschiedene Zugänge zu ganz unterschiedlichen Gottesbildern darlegen. Ich gehe daher kurz auf Vorstellungen wichtiger Philosophen, Mystiker und Theologen ein, die in Teilen auch heute dem säkularen Menschen etwas sagen können. Für mich selber ist die Gottesvorstellung nach der Kinderzeit immer problematisch gewesen. Als menschliches Abbild kann ich mir Gott in seiner Allmacht und Allgüte nicht mehr vergegenwärtigen. Auch als reine Natur ist mir Gott immer zu unpersönlich. Ich wage trotz des großen Anspruchs eine persönliche Skizze meines Gottes-bildes.

Das vierte Kapitel ist mir ein besonderes Herzens-anliegen. Wenn Gott ‚Mutter und Vater‘ für uns ist, dann müssen wir mit Gott sprechen. Dann ist Kommunikation geradezu zwingend um ins und durchs Leben zu kommen. Nicht nur am Sonntag und zu feierlichen Gelegenheiten – nein täglich, gewisser-maßen als unser Freund und Begleiter durch dick und dünn!

Reden also nicht über Gott, sondern mit Gott ist die Freiheit jedes einzelnen Christenmenschen. Das ist unermessliche Freiheit, das ist Gnade, das ist ein großes Geschenk. Und es ist rational, weil es sinnvoll ist mit unserem persönlichen Gott in ein familiäres Gespräch einzutreten. Diese Erfahrung haben in den Jahrtausenden so viele Menschen machen dürfen - und wie sieht es heute aus? So viele finden dafür keine Worte mehr, haben glatt die Sprache verloren oder werden, wenn sie denn von ihren Versuchen erzählen würden, noch dafür ausgelacht.

Reden mit Gott ist persönlich und bedarf keiner langen Vorbereitung oder vorgefertigter Gebete. Jeder kann zu jeder Zeit und an jedem Ort seine eigenen Worte finden.

Ich habe mich in diesem Zusammenhang im letzten Kapitel mit dem wichtigsten christlichen Gebet – dem ‚Vater unser‘ – erneut beschäftigt. Als aktuelle

Interpretation ist ein neues Gebet herausgekommen, dass meinen Vorstellungen eines liebenden und allumfassenden Schöpfergottes, nämlich ‚Mutter und Vater für uns‘, noch mehr entspricht. In ähnlicher Weise habe ich die Seligpreisungen aus der Bergpredigt interpretiert und noch weitere persönliche Gebete formuliert, die insbesondere die wunderbare Schöpfung in den Mittelpunkt stellen. Dabei war mir besonders wichtig, Gott mit ‚Du‘ anzureden um ihm so nahe zu kommen, wie es im Gebet möglich erscheint.

Ich freue mich, wenn dieses Buch manchen Glaubenden, manchen Suchenden oder Zweifelnden auch in dieser so glaubenslosen Zeit neu zur Beschäftigung mit dem christlichen Glauben motiviert. Wer aber mit allem Zweifel ein Suchender bleibt, der möge die persönliche Rede mit seinem Gott immer wieder suchen. Wir sind in Gottes Hand auch im Glauben und können immer auf die Gnade Gottes vertrauen!

Kreuzwegstation auf dem Heiligenberg
bei Ovenhausen

1. Mein persönlicher Schöpfergott

Human und sozial, aber christlich?

Bin ich Christ, wenn ich mich humanistischen Ideen anschließen kann, ich sogar versuche danach zu leben?

Bin ich Christ, wenn ich religiöse Gefühle habe, ich sogar Götter, Gott oder ein allerhöchstes Wesen anbete?

Bin ich Christ, wenn ich meditiere, mich ganz in mich versenke und vielleicht sogar die Verlöschung meines Ichs anstrebe?

Bin ich Christ, wenn ich mich sozialen Ideen verschreibe, ich mich sozial engagiere oder sogar für soziale Verbesserungen kämpfe?

So viele gute Gedanken und gute Taten, aber ist das spezifisch christlich? Muss nicht dieser Christus im Mittelpunkt all unseren Denkens, all unserer Hoffnungen und Taten stehen? Muss nicht erst das Besondere des Jesus von Nazareth geklärt sein, um das Christsein selber zu klären?

Ich glaube ja! Humanistisch, religiös, meditativ und sozial kann jeder Mensch sein, auch wenn er kein

Christ ist. Natürlich kann und in Teilen sollte ein Christ diese Attribute auch erfüllen – sie reichen aber nicht hin. Es kommt vielmehr konkret darauf an, sich auf den Weg zu machen um der Person Jesu nachzufühlen und nachzufolgen. Nur dann wird das Christliche lebendig, fassbar und für jeden Menschen persönlich.

Der Mensch am Kreuz

Ein christliches Leben zu führen ist untrennbar mit diesem Christus verbunden. Diesem Jesus von vor 2000 Jahren, der hier auf Erden gelebt hat. In einer ganz fernen Zeit, in einer Lebenswelt, die uns heutigen Menschen zunehmend fremd erscheint. Und doch gibt es heute mehr als 2 Milliarden Menschen, die sich in unterschiedlichen Konfessionen Christen nennen.

Was ist es, das 2000 Jahre lang so viele Menschen überzeugt hat, sich auf die Nachfolge dieses Nazareners zu begeben? Jesus hat nur wenige Jahre öffentlich gewirkt, er war nicht schulmäßig gebildet, hatte keine ökonomische wie politische Macht. Er hat uns selber keine Zeile hinterlassen und wurde letztlich völlig entwürdigend getötet. Gekreuzigt wie ein gemeiner Schwerverbrecher. Menschen- und Gott-verlassen hing er am Kreuz. Und so einer soll uns heute noch etwas zu sagen haben? Uns sogar so viel sagen, dass wir ihm nachfolgen sollen, unser so kompliziertes, oft seichtes Leben nach ihm ausrichten sollen?

Es muss etwas höchst Wichtiges, Glaubwürdiges und Zeitloses sein, dass dieser ‚Menschensohn' hinterlassen hat. Alles was sich heute noch christlich nennt, muss also mit ihm und vielleicht sogar mit der 2000-jährigen christlichen Tradition und Überlieferung zu tun haben.

Radikale Menschlichkeit

Was ist das ewige, allumfassende, besondere dieses Menschen Jesus? Wir müssen zum Pudels Kern kommen. Für mich ist das bekannte Leben Jesu von einer unvergleichlichen Radikalität geprägt. Radikal in seiner Botschaft und radikal in seinem Handeln. Es ist das Beispiel eines radikalen Humanismus, der wahrhaftiges Menschsein zeigt, ja ohne Unterlass vorlebt. Dieser Jesus ist eben wahrer Mensch in doppelter Hinsicht, mit allen Freuden, Problemen, Ängsten und Versuchungen. Dann aber radikal auf das Wohl der Menschen bezogen. Auf den inneren Frieden und die Freiheit des Menschen, auf Liebe und Vergebung, auf Wahrheit und Wahrhaftigkeit.

Nicht auf die unbedingte Einhaltung der vielen Gesetzte der jüdischen Religion oder der Römer. Egal welche

Gesetze das Leben bestimmen – Gesetze sind für die Menschen da und nicht umgekehrt. Es geht Jesus immer um die jeweilige menschliche Angemessenheit. Und das menschliche Leben in all seinen Facetten – dazu gehören neben dem ‚Wahren, Schönen und Guten' gerade auch das Versagen, der Verrat, das Böse, das Unvermögen, das Leid und die Trauer. Jesus begegnet diesen menschlichen (allzumenschlichen) Eigenschaften in seinem Leben mit wahrhaftiger, radikaler Menschlichkeit.

Wenn wir uns also Christen nennen wollen, dann gehört zur Nachfolge Jesu immer der Versuch, diesem Anspruch ‚gerecht' zu werden. All unser humanistisches, religiöses, soziales und ökologisches Handeln sollte rückgebunden sein an Jesu Beispiel. Dieses Beispiel übersteigt manchmal jede Vernunft – das ganz gewöhnliche Menschsein bietet eben auch sinnloses Leid und Sterben.

Der Glaube an Jesus Christus kann aber auch in ausweglosen Situationen Sinn und Vertrauen schaffen, Frieden schenken mit sich und der ganz persönlichen Umwelt. Denn Jesus ist uns voraus gegangen und hat Zeugnis abgelegt für ein heiles, wahrhaftiges Leben bis zum Tod.

Kein Moralapostel

Jesus, der uns Christus wurde, war kein König dieser Welt, er gehörte nicht zu den ‚oberen Zehntausend'. Sehr ärmlich geboren, in einfachen Verhältnissen aufgewachsen. Doch wurde er kein politischer Eiferer, der soziale Reformen für das Volk gefordert hat. ‚Gebt dem Kaiser, was des Kaisers ist und Gott, was Gottes ist'. Einen Umsturz der diesseitigen Verhältnisse anzuzetteln war nicht sein Ziel.

Andererseits steht Jesus auch nicht für Askese und für den Rückzug aus dieser Welt. Er predigte nicht das mönchische Leben und weltverneinende Gelübde. Ebenso war er kein ‚Moralapostel' mit neuen und komplizierten Gesetzestafeln. ‚Der werfe den ersten Stein' – die strikte Befolgung von Gesetzen konnte im schlimmsten Fall reine Unmenschlichkeit produzieren. Eine Verortung Jesu in dieser Richtung ist schlicht abwegig.

Auch heute sollten wir Jesus nicht in diese einfachen Schemata pressen und ihn womöglich noch politisch benutzen. Seine Provokationen sind von ganz anderer Natur. Sie sind provokanter und radikaler, denn sie führen über sein radikales, aber wahrhaftig humanes Leben direkt zu Gott.

Den Nächsten wie Jesus annehmen

So wie wir alle im ,Vater unser' beten – ,Dein Reich komme' – war es Jesu Sache, das Reich Gottes anzukündigen. Im Mittelpunkt seiner Verkündigung stand nicht er als Person, ob als König oder Revolutionär, nein, immer stand Gott im Fokus. Gottes Sache in dieser Menschenwelt, gestern, jetzt und in Zukunft!

Das Reich Gottes als Vertröstung auf die Zukunft? Vorwürfe dieser Art sind mannigfaltig von atheistischer und extrem links/rechts-ideologischer Seite erhoben worden. Aber diese Anschuldigungen verschweigen Gottes Wirken in dieser Welt schon in der Gegenwart. Jesu Beispiel soll uns Christen Beispiel für unseren Beitrag für eine bessere Welt auch hier und jetzt sein. Gott geht es um das umfassende Wohl des Menschen. Er ist kein bösartiger, strafender und verdammender Gott. Er will das Gute schon jetzt, wohl wissend, dass viel Leid auf Erden herrscht und des Menschen Wille und Handeln unvollkommen ist.

,Dein Wille geschehe, wie im Himmel so auf Erden' – ja, der Wille Gottes soll schon auf diesem Planeten zum Heil führen, indem er uns den Nächsten jeden Tag vor Augen stellt. Sein Wille ist, den Nächsten so zu behandeln, wie Jesus es uns gezeigt hat. Dann kann schon auf Erden etwas aufscheinen, vom zukünftigen Reich Gottes. Erst dort wird eine vollkommen neue Welt entstehen, die uns Menschen ganz in Gott aufgehen lässt. Eine Welt, die das hier und jetzt durch Christus begonnene Reich Gottes vollendet. Unvorstellbar in jeder Hinsicht, aber in Jesu Abbild erhoffbar und versprochen.

Ohne die Liebe ist alles nichts

Jesus als vollkommenes Menschsein auf dieser, seiner Erde. Er predigt weder Katechismen noch menschenleere Dogmen. Sein Prinzip ist die Liebe, die Liebe zur ganzen Schöpfung, zu den Menschen, zu den Feinden. Diese Liebe drückt sich vielfältig aus, denn sie möchte alle Menschen mitnehmen.

Die Zeit der strengen Hierarchien soll überwunden werden – für Jesu Nachfolger gibt es nur einen Herrn, und das ist Gott. Wie Gott uns immer wieder barmherzig begegnet, so soll auch der Mensch die Vergebung immer wieder praktizieren. Geschenke sollen nicht mit Gegenleistungen beantwortet werden. Verzichten ist verzichten und schenken bleibt schenken, mach nicht viele Worte, ‚sag ja und nein'. Um der Liebe Platz zu machen muss der Teufelskreis gegenseitiger Aufrechnungen durchbrochen werden.

Jesus ruft mit seinem Beispiel zur Umkehr auf. ‚Der Erste unter Euch soll der Letzte sein und der Letzte unter Euch soll der Erste sein'. Wir sollen dem Anderen, dem Nächsten wirklich dienen. Dieses so extrem andere Menschsein lebte uns Jesus in alltäglichen Situationen konsequent vor. Er gesellte sich zu gesellschaftlich niedrig Stehenden und Verachteten. Nicht Stand noch Ansehen soll für uns somit wichtig sein. Es ist die rechte Gesinnung, die ehrliche Haltung und die daraus erwachsenen guten Taten. Und ohne die Liebe ist alles nichts.

Unser liebender Vater

‚Wie höre ich die Botschaft gern' – so singen wir in den Gottesdiensten. Und in der Tat, die Botschaft Jesu ist die ‚Frohe Botschaft', das Evangelium. Sie ist bei Leibe nicht dazu da, Angst und Schrecken zu verbreiten, sich klein und wertlos zu fühlen – nein, sie soll uns froh machen! Sie soll uns befreien und unseres Wertes bei Gott bewusst machen.

Jesus hat Gott als seinen Vater angesprochen, sogar ‚Abba', also ‚Papa' genannt. Es ist also eine ganz persönliche, intime Beziehung, die etwas völlig neues darstellt. So wurde Gott bisher nicht gesehen, als ein Gott der im Grunde Mitglied einer Familie ist. Jesu Beispiel gilt für alle, die ihm nachfolgen. Gott ist unser gütiger Vater, der uns so wie wir sind annimmt. Wir sind seine Kinder mit allen Stärken und Schwächen, in Freud und Leid.

Ist das nicht eine wirklich ‚Frohe Botschaft'? Diese Botschaft verkündet Jesus gegen alle Widerstände, egal ob seine irdische Familie für ihn ist, egal ob die Elite ihn abweist oder die Jünger ihn verlassen oder verraten. Es ist eben die Botschaft seines Vaters, seines Gottes. Für ihn lässt er sich sogar verspotten, foltern und kreuzigen.

Der Tod am Kreuz – das Ende?

Der Tod am Kreuz, ein schändlicher Tod als Konsequenz seines vorbildlichen Lebens und seiner Botschaft vom erlösenden Reich Gottes. Ja, die Botschaft Jesu war für die Herrschenden gefährlich, denn ihre Gesetze und Macht wurden indirekt, aber radikal in Frage gestellt. Sie mussten ihn einfach loswerden. Nach ihren Gesetzen war Jesus ein Gotteslästerer und Sünder, der den Sabbat nicht heiligt, noch Ehrfurcht vor Gott zeigt. Sich als Sohn Gottes zu bezeichnen und Gott noch intim als Vater anzureden ist in ihren Augen reinste Blasphemie. So war der Tod am Kreuz letztlich unausweichlich.

In völliger Menschen- und Gottverlassenheit, so kommt es uns heute vor und so berichtet es die Schrift: ‚Vater, warum hast Du mich verlassen?' Es hat den Anschein, als ob alles aus ist. Die Mächtigen der Welt und die Gesetze haben den Sieg davon getragen.

Wenn die Geschichte von Jesus von Nazareth so geendet hätte, dann würde unser Glaube kein Fundament haben, denn der Tod hätte das letzte Wort gehabt. Mit Jesus wäre auch seine ‚Frohe Botschaft' gekreuzigt worden und die Hoffnung auf das Reich Gottes wäre ein Trugbild.

Das Fundament des Glaubens

Ohne Ostern, kein Christentum – ohne die Auferstehung, kein Glaube!

So knallhart wäre das Ergebnis. Aber es ist ‚Gott sei Dank' anders gekommen. Jesus ist zum Christus geworden, der Gesalbte, der Wohnung bei seinem Vater nehmen durfte. So berichten die ersten Zeugen sehr glaubhaft – sie haben die Gegenwart Jesu auch nach seinem Kreuzestod ganz persönlich und direkt vernommen. Sie hatten lebendige Erlebnisse mit dem Jesus, den sie vor seinem Tod kannten. Er offenbarte ihnen nun was es heißt, durch das Tor des Todes zum Leben gekommen zu sein.

Jesus ist damals nicht in diese Welt zurückgekehrt, sein Tod wurde im Diesseits nicht aufgehoben. Nein, Jesus hat den Tod überwunden durch den Übergang in ein ganz anderes Leben. Es ist ein himmlisches Leben, das unsere Vorstellungskraft völlig sprengt. Das bleibt so unbegreiflich, wie die Vorstellung von der Ewigkeit, in der ja weder Raum noch Zeit einen Sinn ergeben. Jesus wurde in Gott, seines Vaters himmlisches Leben aufgenommen. Der Tod als Durchgang zum echten, ewigen, himmlischen Leben. Deshalb ist das Kreuz mit der Auferweckung und dem Einzug in das Reich Gottes so stark verbunden. Ohne Tod keine Überwindung des Todes!

So ist uns Christus voran gegangen, als Überwinder des Todes. Diese ‚Frohe Botschaft' kann zu einem unendlich starken Glauben an Gott führen, der die Vergänglichkeit allen Lebens ad absurdum führen kann. Der Tod ist passé, er hat seinen Stachel für immer verloren. Das ist der Glaube an einen Gott, der nicht nur das Diesseits schaffen kann – er kann das Leben in Fülle auch über den Tod hinaus ermöglichen. Mehr geht nicht!

Verkünder der ‚Frohen Botschaft'

Dieses Gefühl, dieses Wissen haben die ersten Zeugen der Auferweckung Jesu stark in sich aufgenommen. Sie waren nun willens, die Botschaft Jesu allen Menschen zu verkünden. Eben nicht nur den Menschen jüdischen

Glaubens, sondern Andersgläubigen, Agnostikern und Atheisten. Die ersten Christen waren so von diesem Evangelium erfüllt, dass Widerstände, Verfolgungen und der Tod sie nicht von ihrem Weg abbringen konnten.

Jesus selber hat während seines Wirkens auf dieser Erde keine Kirche gegründet. Er war kein Verfechter von Institutionen und Gesetzen. Die Gemeinden haben sich erst sukzessive nach dem Osterereignis gebildet. Das Urchristentum hat in ganz persönlichen Zirkeln, meist sehr kleinen Gemeinden das Reich Gottes verkündet und auf das Kommen des Reiches Gottes gewartet. Dies ging nur, weil es ein so starkes Bekenntnis zu Jesus Christus gab, der Gekreuzigte und Auferstandene. Und natürlich zu seinem Leben, seinen Beispielen eines wahrhaftigen Menschen.

Das ist auch heute die Aufgabe jedes Christen, jeder Gemeinde und der Weltkirche: der Sache Gottes zu dienen, die Jesus verkündet und gelebt hat!

Der Kern der Botschaft darf nicht verfälscht werden, darf nicht relativiert oder zurückgenommen werden. Es geht immer um Jesu Leben und Wirken, seine Gleichnisse, seine Reden, seine Gebete und Taten. Dienen statt herrschen, lieben statt strafen, helfen statt fordern und Hoffnung schenken, statt Angst zu verbreiten.

Christen sind für die Schöpfung verantwortlich

Im Geiste Jesu auf der Erde in dieser Welt wirken, so muss sich die Kirche heute verstehen und aufstellen. Kirche sind wir alle, jeder Einzelne – ‚wo zwei oder drei in meinem Namen zusammen sind' – da ist Jesus mitten unter uns. Ganz banal gesprochen geht es um den täglichen Dienst am Nächsten, an der Schöpfung, an der Gesellschaft und in der Familie. Überall wo Leben ist – wo Leben bedroht ist – darf sich der Christ nicht wegducken. Gerade heute und in Zukunft umfasst Lebensdienst selbstverständlich alle Geschöpfe auf diesem Planeten. ‚Macht euch die Erde untertan' heißt nicht sie auszubeuten, sie gar zu vernichten. Im guten Geiste Gottes heißt es Sorge zu tragen, zu hegen und zu pflegen, was Gott in seiner Güte uns anvertraut hat.

Dieses Vertrauen hat Gott zu uns. Da wir uns als seine mündigen Töchter und Söhne verstehen kommt es uns zu, die gute Gabe der Schöpfung als kostbares Gut zu betrachten und nur so zu nutzen. Das gilt für alle Pflanzen und Tiere, für alle Lebensräume an Land und im Wasser. Auch wenn Gott uns nach seinem Ebenbilde geschaffen hat, sind wir doch nur eine von Millionen unterschiedlicher Arten auf unserer ‚Mutter Erde'.

Christen müssen diese Aufgabe gerade nicht nur um unser eigenes Überleben willen ernst nehmen, es muss immer um das Wohl aller Lebewesen an sich gehen.

‚Niemals nur als Mittel, immer auch als Zweck an sich', so gilt es frei nach Immanuel Kant prinzipiell für die Natur zu handeln.

Fehlbare Kirche auf Zeit

Was für die Umwelt gilt, gilt nicht weniger unter den Menschen. Ob im individuellen Handeln oder von Gruppen, ob im Kleinen wie im Großen, Christen und kirchliche Institutionen sind zum Dienst am Nächsten aufgerufen. Jeder an seinem Platz und mit seinen Gaben und Potenzialen. Dieses Prinzip, dieser Liebesdienst bindet uns immer wieder zurück an Jesus Christus, den Menschensohn und Gottessohn.

Die Kirche selber muss sich immer wieder von neuem darüber Klarheit verschaffen, wie sie das Reich Gottes unter den Menschen verkündet. Das Reich Gottes ist Ziel jeder Verkündigung, daher kann sich die Glaubensgemeinschaft der Christen nicht selber zum Ziel der Verkündigung machen. Alles auf Erden ist nur auf Zeit, auch die guten Werke und Worte. Ebenso kann ein Machtanspruch der Kirche nicht weltlich begründet sein. Machtvolle Strukturen können einzig und allein auf den Dienst an der Schöpfung, am Menschen und auf das kommende Reich Gottes ausgerichtet sein.

Dabei ist es unter fehlbaren Menschen völlig vermessen, die Wahrheit in Glaubensfragen und darüber hinaus nur für sich gepachtet zu haben. Der Irrtum und das Böse sind essentiell für jeden Menschen und jede menschliche Institution. Omnipotenz und Allwissenheit kommt Gott zu, ihm alleine, keiner Kirche und keinem Menschen. Somit gehört das Schuldbekenntnis zu jedem einzelnen Christen, wie zu jedem Amtsträger und zur Amtskirche.

Der ökumenische und moderne Auftrag

Leider gibt es keine eine Kirche des Herrn mehr. Die Spaltung zur Orthodoxie ist schon 1000 Jahre her, die zum Protestantismus 500 Jahre. Die großen Feindbilder sind – Gott sei es gedankt – überwunden, aber der Weg zur Einheit noch weit, sehr weit entfernt.

Die Lehre Jesu bedeutet jedoch auch, die Probleme unserer Welt im ökumenischen Geist ins Auge zu nehmen. Die Kirchen müssen mit gutem Beispiel voran gehen, in dieser Weltgesellschaft die vielfältigen Spaltungen zu reduzieren und selbst den Weg zur Einigkeit mutig zu beschreiten. Es geht nicht um die Bildung eines monolithischen Blocks, es geht um Einigkeit in Vielfalt. Die unterschiedlichen Kirchen und Strömungen innerhalb der Christenheit können so die Gesamtkirche stark befruchten.

Kirche wie einzelnes Menschsein heißt immer auch reformbereit zu sein. Sich auf der Grundlage des Jesus von Nazareth, seinen Worten und Taten, den Anforderungen der Zeit zu stellen, bleibt ‚ewige' Aufgabe auf Erden. Zwischen den Kirchen, wie innerkirchlich. Vor diesem Hintergrund kann ein Ausschluss von Frauen in der katholischen Kirche von wichtigen – insbesondere geistlichen – Ämtern, nicht gerechtfertigt werden. Schon Jesus hat Jüngerinnen gehabt und seine Haltung gegenüber Frauen war sehr modern und integrierend. Dahinter zurück ist nicht akzeptabel und ist auch für die christliche Botschaft höchst kontraproduktiv. So viele weibliche Laien verrichten ihren regelmäßigen Dienst in dieser Institution. Ohne diese Frauen würde der ‚Laden' schon lange nicht mehr rund laufen. Auch für den kraftvollen Fortbestand der katholischen Kirche ist in vielen Teilen der Welt die volle Gleichberechtigung der Frauen überfällig. Ebenso kann der Zölibat – der Zwangszölibat – nicht Bestand behalten. Oder hat Jesus das je gefordert? Hilft der Zölibat wirklich, authentischer und wahrheitsgetreuer zu verkünden?

Nein, der Zölibat wird von den Gläubigen mehrheitlich abgelehnt und hilft der Kirche nicht, sich in dieser säkularisierten Zeit zu behaupten!

Jesu Leben als Orientierung

Die Menschen in dieser unübersichtlichen und schrillen Zeit sehnen sich nach Orientierung für ihr ganz persönliches Dasein. Es ist dieses gewöhnliche ‚in der Welt sein', ganz praktisch den Alltag gestalten, die ureigenen Freuden und Leiden – dafür erbitten Menschen Beistand.

Ist dafür nicht die Nachfolge Jesu Christi ein idealer Orientierungsweg?

Ist dieser Weg nicht viel persönlicher, begreifbarer als irgendeiner abstrakten Idee oder einem ethischen Prinzip zu folgen?

Jesus ist als echter, wahrer Mensch auf dieser Erde gewesen. Er hat sein Leben mit allen Aspekten des menschlichen Daseins gelebt. Wir können und sollen in der Nachfolge nicht seinen individuellen Weg gehen, aber wir können unseren eigenen Weg viel besser finden. Und dabei sind all seine Botschaften für uns Einladungen, das Evangelium in den Mittelpunkt unserer Existenz zu stellen. Dieser lebendige Jesus kann uns immer wieder motivieren nicht aufzuhören, gegen Unmenschlichkeit, Ungerechtigkeit, Machtmiss-brauch und Umweltzerstörung zu kämpfen. Er kann uns immer wieder Mut schenken, das eigene Kreuz auf uns zu nehmen. Jedes noch so gute Leben auf Erden ist nicht ganz heil, es trägt immer Elemente des Kreuzes mit sich herum.

Und ist ein ‚gutes Leben' dann gut, wenn materiell alles gut ist?

Sicherlich reicht das nicht aus – ‚der Mensch lebt nicht vom Brot allein' und Arbeit allein macht noch lange nicht glücklich. Sie kann in unserer spätmodernen Epoche häufig entfremden, entmenschlichen und sogar versklaven. Für uns als Nachfolger Christi kann das Leistungsprinzip nicht die letzte Antwort sein. Nein – die ‚Frohe Botschaft' macht auch davon frei. Sie schafft Gelassenheit, die den gemeinen Alltag durchdringen kann. Dann wird das Leben offen gehalten für Momente der Identität, der Liebe, der Zugehörigkeit und der tief empfundenen Freiheit.

Egal wie unsere Leistungen nun aussehen, egal wie erfolgreich wir sind, egal wie viele Fehler wir machen, wir sind aufgehoben in Gott. Dieses übergroße Vertrauen können wir als gläubige Christen immer wieder empfinden.

Der wahre Gott und die falschen Götter

Gott ist Barmherzigkeit, ist Vergebung, ist Vertrauen und Liebe. Und immer wieder Hoffnung – die können wir wahrlich gut gebrauchen. Die Seligpreisungen aus der Bergpredigt von Jesus sind uns wunderschöne Verse geworden, die vom Reich Gottes künden. Aber wir können schon hier auf Erden einen Geschmack dieses neuen Lebens aufscheinen lassen. Im Vertrauen auf Gott und sein kommendes Reich schenkt er uns die Kraft, unsere Mutter Erde jeden Tag ein bisschen besser zu machen. Jeden Tag ein kleines Licht des zukünftigen Reich Gottes hier zu entzünden.

Lassen wir die so verführbaren falschen Götter – vor allem Reichtum, Macht, Erfolg, Ansehen und Völlerei – nicht in unser Herz hinein. Diese Götter sind flüchtig und geben keinen nachhaltigen Genuss und keinen tieferen Sinn. Sinn und letzte Zuflucht bleibt nur unser Schöpfergott. Diesen Gott hat Jesus Christus – wahrer Mensch und wahrer Gott – uns verkündet. Durch sein Leben und sein Kreuz. Er hat den Tod besiegt und wurde verherrlicht bei Gott.

So ist es uns auch verheißen mit ihm im Reich Gottes eins zu sein. Lasst uns also in seinem Sinne leben, lieben, leiden und sterben.

Klus Eddessen bei Borgholz und Dalhausen

2. Warum ich an Gott glaube

Religion ist den Menschen angeboren

Pfingsten liegt vor der Tür. Das Fest des Heiligen Geistes wird gemeinhin als Gründungsdatum der christlichen Kirche angesehen. Dies ist für mich ein guter Zeitpunkt sich die Grundfrage aller Religionen noch einmal zu stellen.

‚Die Rückgebundenheit an etwas Absolutes', so lässt sich Religion in aller Kürze und Schlichtheit grundsätzlich fassen. Dieses Absolute kann man Gott nennen, so machen es auch wir Christen und viele andere Religionen. Religionen und Götter gibt es wohl seit Anbeginn zivilisierter Menschheit, es scheint quasi etwas den Menschen angeborenes zu sein.

Menschen benötigen Erklärungen für das ‚woher und wohin' und für das ‚wozu und warum'. Sie brauchen natürlich auch letzte Gesetze und moralische Normen, auf die das Verhalten im Alltag unter den Mitmenschen gründet. Der Mensch als ‚geselliges Wesen' kann nicht wirklich alleine leben und handeln. Religionen haben schon immer Gemeinschaften gestiftet und zu erhalten versucht. Auch für unerklärbare Naturphänomene konnten und können Götter herhalten.

Der Mensch wird sich selbst zum Gott

Heute, im Zeitalter der Spätmoderne, in einer – in unseren Breiten – weitgehend säkularisierten Welt, was bringt jetzt noch der Glaube an Gott? Warum an Gott glauben, wenn doch die Welt auch ohne religiöse Erklärungen ganz gut funktioniert und verstanden werden kann? Die vielen Philosophien versuchen ja schon seit Tausenden von Jahren die Welt ohne den Rückgriff auf Götter oder einen einzigen Gott zu erklären. Gerade in den vergangenen zwei Jahrhunderten wurde durch die Wissenschaften ein ewiges, absolutes Wesen als Ursache allen Seins völlig aus dem rationalen Diskurs verbannt.

Großideologien wie der Marxismus, der Faschismus und teilweise der Humanismus sind von vielen Menschen als neue Heilsbringer gefeiert worden. Sie haben sich sogar explizit gegen den Glauben an einen Gott gestellt und Gläubige oft systematisch verfolgt und getötet. ‚Religion als Opium des Volkes oder für das Volk‘, so sahen es nicht nur Marxisten. Neben politischen Ideologien ist aber das naturwissenschaftliche Weltbild der größte Angriff auf die Religionen. Aufklärung und Rationalismus haben eine unvorstellbare Revolution in der Menschheit ausgelöst. ‚Wir sollen unseren eigenen Verstand ohne die Anleitung eines anderen benutzten‘, so der Wahlspruch der Aufklärung. Wir können uns die Phänomene auf dieser Erde doch selbst erklären und wir können uns eigene Gesetzte und Normen geben, dafür bedarf es keines Gottes.

Technische Machbarkeit ist für den Menschen heute fast weltweit selbstverständlich. Gepaart mit rationaler Erklärung und einem humanistischen Selbstbild, das den Menschen alleine auf den Thron dieser Erde gehoben hat. Irgendwann soll sogar der Tod – so die posthumanistische Ideologie – rein wissenschaftlich überwunden werden. Das ‚ewige' Leben auf Erden ist nun der neue und größte Traum der Menschheit. Was braucht man dann noch ein ewiges Leben im Himmel?

Ist also alles gelöst, sind alle menschlichen Probleme überwunden?

Haben die Humanismen und andere Ideologien bzw. Philosophien die Menschen geeint und körperlich wie geistig satt gemacht?

Ist die ‚Krone der Schöpfung' nun sein eigener anbetungswürdiger Gott geworden, der alles im Griff hat?

Mehr Wohlstand führt nicht zu mehr Sinn

Heutzutage meinen viele Zeitgenossen, die Menschheit hat schier alles unter Kontrolle. Es ist eben alles nur noch eine Frage der Wissenschaft, der Technik und der

Wirtschaft – wenn ‚die' es schaffen, wer kann uns Menschen dann noch besiegen?

Dieser latente und teils zur Schau gestellte Allmachtsglaube vergisst aus meiner Sicht das Wichtigste – die Lösung der Sinnfrage. Vor allem in Ländern mit hohem materiellen Wohlstandsniveau ist zu beobachten, wie auf der einen Seite vermehrt nach esoterischen Sinnangeboten gesucht wird und auf der anderen Seite, die psychotherapeutische Nachfrage enorm nach oben schnellt. Wie ist das zu erklären, wo doch eigentlich der Konsum das größte Glück verspricht? Die Konsumtempel stehen doch in digitaler Form 365 Tage rund um die Uhr offen und nach wirtschaftlichen Krisen ist die wichtigste politische Maßnahme, die Konsumnachfrage anzukurbeln.

Auch die Corona-Krise hat diese Logik voll bestätigt. Entscheidend ist, so schnell wie möglich wieder ‚business as usual' zu erreichen. Billionen über Billionen frisches Geld und massive Verschuldungsorgien sollen für einen Konsum-Glücks-Hype sorgen. Politik und Wissenschaft haben sonst z.B. Angst vor noch stärker werdender häuslicher Gewalt, die besonders Kinder und Frauen treffen kann. Erste Zahlen belegen diese These und auch die extremen Gewaltausbrüche in vielen Großstädten zeigen deutlich, mit Solidarität und Gemeinschaftsgefühl ist es in Wirklichkeit nicht weit her. ‚Erst kommt das Fressen und dann die Moral', oder ‚Brot und Spiele' müssen gewährleistet sein, alles andere sind klassische Selbsttäuschungen.

Der tödliche Fortschritt

Aber auch mehr Wissen und mehr Wohlstand führen bisher nicht zu mehr Solidarität, Gemeinschaft, Zufriedenheit oder Glück. Eher ist die Sucht nach immer mehr materiellen Gütern und Dienstleistungen ein Treiber für Überdruss, Sinnlosigkeit und Spaltung. Von der immer schneller fortschreitenden Vernichtung der Natur ganz zu schweigen. Bei aktuell 7,8 Milliarden Menschen auf der Erde (zu Zeiten von Jesu lebten schätzungsweise nur 300 Millionen Menschen) wird der Platz für Wohlstand langsam sehr eng. Falls alle Menschen heute ein Wohlstandsniveau auf dem Durchschnitt der OECD-Staaten aufweisen würden, benötigten wir 3 bis 4 Erden. Schon jetzt ist der überwiegende Teil des Planeten übernutzt, verschmutzt und Millionen Arten sind ausgerottet. Die Klima-katastrophe erscheint am Horizont. Und nur um die Menschheit langfristig vor dem Untergang zu retten, gibt es leichte Gegensteuerungstendenzen.

Willkommen im Zeitalter des ‚Anthropozän‘, also im Zeitalter, in dem der Mensch der Erde seinen nicht mehr tilgbaren Stempel aufgedrückt hat.

‚Der Mensch als Maß aller Dinge‘, alle anderen Geschöpfe sind letztlich nur für ihn da, nicht um ihrer selbst willen. Der Mensch mit seinen Kulturschöpfungen als Gott für sich selbst, eine echte Selbstvergötterung.

Eine tautologische Religion, keine Transzendenz, kein absolutes Wesen, kein Prinzip außerhalb seiner selbst.

Steht dieser ,Gott Mensch' für Frieden, Freiheit, Wahrhaftigkeit, Barmherzigkeit, Liebe ...?

Ich glaube diese selbst verursachte und geglaubte Überschätzung konterkariert der Weltzustand massiv. Der Mensch kann niemals für irgendetwas Absolutes, Göttliches stehen. Alle seine Anstrengungen auf dem Weg zu Frieden und Freiheit und Liebe ... bleiben bruchstückhaft, unvollkommen und ambivalent.

,Irren ist menschlich' – dieser wohl bekannte Satz soll vergessen sein. Der ausufernde Fortschrittsglaube lässt wenig Platz für Grenzen des Wachstums. Kann man sich heute überhaupt vorstellen, nicht mehr technologisch, nicht mehr materiell ,fortzuschreiten'? Kann man sich einen Zustand der Genügsamkeit, des Gleichgewichts, der Gelassenheit der Gesellschaft vorstellen? Kann man sich nur vorstellen, nicht immer noch bessere, tödlichere Waffen zu entwickeln? Die vielfache Selbstvernichtungskapazität atomarer Waffensysteme hat auch dieser Fortschritt nicht beendet!

Warum an Gott glauben?

Das skizzierte Sittenbild des Menschen erscheint hoffnungslos. Wenn wir dann noch die vielen Kriege und Konflikte der letzten Jahrhunderte betrachteten, an denen die Religionen häufig direkt und indirekt beteiligt waren, wird das Bild nicht besser. Kann Gott in einer so gottverlassenen, gottvergessenen Welt noch einen Platz finden und Zukunft haben? Warum ist das ‚Prinzip Hoffnung' trotz aller Tragödien noch nicht vollends verbraucht?

Warum also noch an Gott glauben?

Ich glaube auch heute noch an Gott, auch wenn ich langsam aber sicher in Deutschland damit zur Minderheit gehöre. Ich glaube gerade heute bedürfen die Menschen mehr von dem, was außerhalb ihrer eigenen Kompetenz liegt. Viele Menschen spüren eine echte oder imaginäre Grenze des menschlich Machbaren. Sie erheben sprichwörtlich ihren Blick zum Himmel und warten auf Antwort. Antwort auf die alten, existentiellen Fragen, die immer schon den Mittelpunkt der Religionen gebildet haben.

Auch eine ganze Reihe von Wissenschaftlern lehnt nicht mehr per se jeden Gottglauben als irrational ab. Trotz umfassender Säkularisierung in der nördlichen Hemisphäre, kommen ‚religiöse Gefühle' bei uns weiterhin vor. Im globalen Maßstab ist sogar von einer

Mehrheit religiöser Menschen auszugehen. Vor allem in ärmeren Regionen sind große Teile der Bevölkerung kulturell weiterhin in religiösen Strukturen fest verankert. Ein Verschwinden der Religion ist in absehbarer Zukunft wohl nicht zu erwarten. Folglich stellt sich die Frage – ‚warum an Gott glauben‘ – heute unvermindert. Und das besonders auch für aufgeklärte Länder, für moderne Menschen, die sich vermeintlich immer rational verhalten.

Kann es in diesem Sinn nicht besonders rational sein, an ein allerhöchstes Wesen, an Gott zu glauben?

Gott als letzte moralische Instanz

Die Verbindung von Vernunft und Religion, insbesondere im Christentum, ist nicht neu. Schon der ‚alte‘ Kirchenvater Origenes hat die hellenistische Philosophie als Deutung des christlichen Glaubens mit herangezogen. Und der bedeutende Scholastiker Thomas von Aquin studierte im Mittelalter die Philosophie des Aristoteles ohne Unterlass. So wollte er das christliche Credo durch die Vernunft legitimieren. Er ist sogar so weit gegangen, Jesu Botschaft als vernunftgemäßen Beweis darzustellen.

Ich glaube der Weg eines quasi mathematischen Beweises Gottes ist schlechterdings unmöglich. Gott ist kein Objekt wie andere Dinge der Welt, schon gar keine mathematische oder physikalische Gleichung.

Auch philosophische, rein begriffliche Gottesbeweise sind häufig auf den Plan getreten, ob bei Anselm von Canterbury, Baruch de Spinoza oder Gottfried Wilhelm Leibniz. Kein Beweis jedoch ist unter den Menschen, in der Theologie oder anderen Wissenschaften allgemein anerkannt.

Immanuel Kant hat als bedeutendster Philosoph der Aufklärung dem Menschen prinzipiell die Möglichkeit abgesprochen, außerhalb seiner eigenen Möglichkeiten zu denken. Die ‚reine Vernunft‘ des Menschen bleibt auf ihre Sinnesanschauung und Verarbeitung zurück-geworfen. Man befindet sich neudeutsch gesprochen in einem ‚Ego-Tunnel‘, der nicht verlassen werden kann. In diesem Tunnel kann etwas Absolutes wie Gott prinzipiell nicht erkannt noch bewiesen werden.

Was bleibt nach Kants Vernunftkritik für die Erkennbarkeit Gottes noch übrig? Für ihn ist Gott nicht theoretisch erkennbar aber für letzte moralische Begründungen unter den Menschen unbedingt notwendig. In seiner praktischen Vernunftlehre bedarf es eines Gottes als letzte Instanz, als letzte Hoffnung. Den Lohn für die Einhaltung der Sittengesetze, der Moral kann es auf der leidvollen, unvollkommenen Erde nicht geben. Für allen Ausgleich unter den sündigen Menschen bedarf es am Schluss der Gerechtigkeit des Himmels.

Dies ist natürlich kein Gottesbeweis, sondern eine moralische Forderung, da wir auf Erden Gerechtigkeit und Glückseligkeit nicht herstellen können.

Die Rechtfertigung Gottes

Ja, das Theodizee-Problem, die Rechtfertigung Gottes trotz unglaublicher Leiden, Ungerechtigkeit, Unterdrückung, Gewalt und Tod auf Erden. Wie kann Gott diese schlimmen Sachen zulassen, wenn er allwissend, allmächtig und allgütig ist? Es sind viele Argumentationslinien dafür und dagegen in der Geschichte der Philosophie und Theologie entstanden. Manche halten die Frage auch für abweisbar, denn es gehe im Gottglauben nur um Erlösung, Vertrauen und Aufgehobensein.

Mir scheint eine logische Figur relevant, nämlich die der Freiheit des Menschen. Wenn der Mensch als fühlendes, denkendes und handelndes Wesen verstanden wird, dann muss er auch die Freiheit haben Böses zu tun. Auch die schlimmsten Verbrechen der Menschheit, Ausschwitz, der Gulag und die chinesische Kulturrevolution müssen dann möglich sein. Ansonsten wäre der Mensch auf Gutes, Liebe und Glückseligkeit programmiert. Der freie Wille, die Gewissens- und Handlungsfreiheit bliebe sonst pure Illusion.

Manche Neurobiologen sprechen dem Menschen letztlich einen freien Willen ab. Sie wollen alle Denkprozesse und Handlungen als logische Abfolge von Gehirnaktivitäten erklären. Dieser Erklärungsansatz lässt aus meiner Sicht viele Kulturaspekte und die Geschichtlichkeit des Menschen völlig außen vor. Würde eine Totalablehnung der menschlichen Freiheit Stand der Wissenschaft sein, dann würde der Mensch auch jeder Verantwortung beraubt. Alle schlimmen und guten Dinge auf Erden wären letztlich gar nicht des Menschen freies Werk. Wir hätten nur intelligentere Instinkte, die uns bestimmen und steuern. Eine furchtbare Vorstellung und aus meiner Sicht eben viel zu kurz gesprungen und damit falsch. Natürlich gibt es angeborene Verhaltensabläufe, kulturelle Prägungen, Spontanreaktion, instinktgesteuerte Handlungen. Doch diese bestimmen gewöhnlich nicht das langfristige Verhalten eines Menschen noch der ganzen Menschheit in ihrer Geschichte.

Im Ergebnis sollten wir das Böse, das Gute und die Freiheit dem Menschen zuschreiben. Nicht die Naturgesetze oder Gott sind für unsere Handlungen verantwortlich, nein, wir Menschen sind es selber!

Wissenschaft schafft keinen Sinn

Nach dem bisher diskutierten ist und bleibt Gott nicht beweisbar, aber auch das Gegenteil ist nicht beweisbar. Als logischer Schluss steht ein Remis, ein Unentschieden zwischen Gläubigen und Agnostikern bzw. Atheisten. Damit ist Glauben, der Glaube an Gott, an Jesus Christus prinzipiell möglich und verstößt nicht gegen die Vernunft.

Ich möchte aber im Folgenden darlegen, warum der Gottesglaube über bessere Argumente als der Atheismus verfügt. Und warum der Glaube praktisch ganz einfach von Vorteil ist.

Bisher ist es Wissenschaftlern nicht gelungen, eine physikalische Weltformel zu finden. Eine Weltformel, die eine Erklärung für die Entstehung und das Funktionieren der Welt, des Universums liefert, wie wir es wahrnehmen. Ob eine Formel, die alle vier physikalischen Grundkräfte zusammenbringen kann, die Welt wirklich – nach den Regeln der Physik – vollständig erklärt, muss hier offen bleiben. Jedenfalls kann diese Weltformel niemals Gründe für das Dasein des Menschen anbieten. Hierbei wären alle Wissenschaften, Kunst und Kultur mit einzubeziehen, um überhaupt den Verstehens-Prozess der eigenen Spezies voranzubringen. Doch schon aus grundsätzlichen Erwägungen ist Wissenschaft eine ‚never ending story', sie führt niemals zu endgültigen

Ergebnissen. Und das Wesen des Menschen, sein warum, wozu, woher und wohin entzieht sich in wichtigen Teilen rationaler Wissenschaft und wird daher niemals ganz zu fassen sein. Aus dieser Perspektive wird der Mensch sich als Gattung und als Person immer fraglich bleiben, immer Frakturen und Fragilität erleben, nie letzte Antworten erhalten.

Unwissenheit, Herkunfts- und Ziellosigkeit unserer blanken Existenz (ver)führt so viele Artgenossen in den Skeptizismus. Das Misstrauen gegenüber der Welt und anderen Menschen kann schlimmstenfalls in den Nihilismus münden. Ein Gefühl der Bodenlosigkeit macht sich breit, man wird ins ‚Nichts' gehalten. Dumpfe Angst kommt auf und verhindert so das notwendige Grundvertrauen in die Wirklichkeit.

Das 20./21. Jahrhundert hat so viele neue Erkenntnisse über alles Mögliche gebracht, doch ist die Orientierungslosigkeit und Unsicherheit des Menschen noch weiter gewachsen. In dieser Situation lassen sich die existentiellen Fragen in der übersättigten Wohlstandsgesellschaft für nicht wenige bestens verdrängen und überspielen. Diese Fragen sind aber nicht verschwunden. Und Übersättigung verursacht letztlich existentielle Leere.

Gottesglaube schafft Sinn und Vertrauen in die Wirklichkeit

Jetzt kommen unweigerlich und rational die Religionen wieder ins Spiel. Denn sie versprechen Antworten auf die ersten und letzten Fragen eines jeden Einzelnen. Sie bauen Verstehens-Horizonte für das ganze Leben und moralisches Handeln im täglichen ‚doing' auf. Im Wettbewerb zwischen technischer Rationalität – sprich Unglaube – und religiösem Verstehen, kann die vernünftige Entscheidung für den Glauben sinnvoller sein. Der Glaube ist nämlich definitorisch mit einem Grundvertrauen in die Wirklichkeit verbunden. Bodenlose Sinnlosigkeit kann für einen Glaubenden nicht aufkommen, da Gott als letzter Halt immer angenommen wird.

Wenn der französische Philosoph Jean-Paul Sartre uns als Spezies charakterisiert, die ‚zur Freiheit verdammt ist', kann das keine Angst mehr machen. Im Gegenteil, es wird für den Glaubenden zur Verheißung im Diesseits wie im Jenseits. Gott ist dann Ursprung, Sein, Sinn und Ziel unserer Existenz. Die Welt wird durch den Gottesglauben keinen Deut wissenschaftlich besser erklärbar, aber sie ist für den Gläubigen sinnvoll.

Das ist eigentlich das Größte, Sinn im Dasein zu haben, in Freud und Leid, in Geburt und Tod, in Glanz und Schande. Sinnangebote sind seit der zweiten Hälfte des 20. Jahrhunderts zur austauschbaren Ware geworden.

Ob Yoga und Meditation, ob Spiel und Sport, ob Beruf und Geld, ob Ruhm und Amt, ob analog und digital, alles ist auf dem Markt. Auf dem Markt des Konsums und der Eitelkeiten.

Nichts gegen sinnstiftende Tätigkeiten, doch ist der Glaube an Gott kategorial etwas völlig anderes. Er ist eben nicht austauschbar und Fundament unseres Daseins. Glaube ist keine Kaufentscheidung sondern Lebensentscheidung. Als Lebensentscheidung ist Gott letzter Sinn meines Lebens, bei all meinen Unzulänglichkeiten. Er ist meine große Hoffnung, auch schon hier auf Erden. Aber nicht nur, Gott weist immer über den irdischen Horizont hinaus. Er weist hinaus ins Transzendente, welches für mich als Mensch nie ganz verstanden werden kann. Das macht mir aber keine Angst mehr, da ich über großes Vertrauen in die Güte und Barmherzigkeit Gottes verfüge.

Verschwinden der Gottesfrage

Der Ungläubige, der Agnostiker und Atheist verzichtet auf den letzten Sinn und die größte Hoffnung. Viele Menschen in unserer säkularen Welt fällen die Entscheidung für oder gegen den Glauben nicht bewusst. Häufig ist der mit Arbeit und Zeitvertreib ausgefüllte Alltag so übermächtig, dass die Frage nach Gott bzw. die existentiellen Themen verdrängt werden.

Der Mensch des ‚man' – wie der Philosoph Martin Heidegger es im 20. Jahrhundert sah – hat die Fragen fast vergessen. Die Fragen nach dem ‚Sein' an sich, dem ‚Sein' alles Seienden.

Das Internet, die digitalen Medien, die permanente Reizüberflutung und eine ortsungebundene Lustbefriedigung, nehmen vielen Menschen die Zeit und den Raum zur Beantwortung ihrer eigenen Daseinsfrage. Es bedarf aber einer bewussten, aktiven Entscheidung für den Glauben. Keine Entscheidung ist eine Entscheidung dagegen.

Wenn Menschen heute in ein religionsloses Umfeld hinein geboren werden, wird die Glaubensfrage noch weiter aus dem Blick gestellt. Wenn es ganz und gar nicht mehr selbstverständlich ist zu wissen, was Ostern oder Pfingsten bedeuten, dann ist die Frage nach dem Glauben aus dem Alltag einfach verschwunden. Wenn mit dem Rückzug der Kirchen und der häufig sehr berechtigten Kritik an den Kirchen, auch die Gottesfrage wie das Kind mit dem Bade ausgeschüttet wird, dann verdunkelt sich diese existentielle Entscheidungssituation zusehends. In bestimmten modernen Milieus kommt Glaube überhaupt nicht mehr vor, wird als antiquiert, wissenschaftsvergessen und irrational abgestempelt. Gläubige werden dann bestenfalls ‚milde' belächelt und man selbst fühlt sich aufgeklärt, rational und überlegen. Doch das dieses Überlegenheitsgefühl auf tönernen Füßen steht, ist evident. Die Entscheidung gegen den Glauben wird meistens nicht wirklich in

Kenntnis der Frohen Botschaft getroffen, eine tiefere Reflexion auf religiöse Traditionen und Philosophien findet fast niemals statt.

Glauben in Freiheit ist vernünftig

Für mich spricht dagegen sehr viel für einen Glauben in Freiheit. Nicht zuletzt die Vernunft. Vernünftiger ist es jedenfalls nicht, in einer Wirklichkeit zu leben, die irgendwie bodenlos erscheint, ohne Halt, ohne tiefen Grund und ohne letztes Ziel. Betäubungen aller Art lassen dieses Gefühl gut verdrängen, aber für alle Menschen gibt es entscheidende Lebensphasen, also existentielle Ereignisse. Bei bewusster Wahrnehmung dieser Zeiten können letzte Fragen schwerlich abgewiesen werden, sie steigen häufig ohne An-kündigung und Grenze im Menschen hoch.

Dann ist es vernünftiger, den vielen Antworten der Religionen nach zu spüren und sich ganz persönlich auf die je eigene Glaubensfrage einzulassen. Dafür ist es nie zu spät, auch im Angesicht des Todes ist Zeit. Eine frühzeitige Beschäftigung mit Sinnfragen hat aber den unschätzbaren Vorteil, schon lange im Diesseits das Geschenk des Glaubens auszukosten. Sokrates, der große Philosoph der alten Griechen, sah alles Philosophieren – damit die Sinnsuche – als eine Vorbereitung auf den Tod an. Sterben lernen heißt für mich daher das Leben lernen, im Leben so viel wie möglich Sinn zu haben. Der Glaube ist mir dabei Geschenk und Gnade zugleich.

Natürlich bin ich und jeder Gläubige nie seines Glaubens vollständig sicher, die Zweifel kommen und gehen. Sie sind ganz normal und die Dynamik von Glauben und Zweifel halten das ganze Leben über an. Doch der Sinn für das Dasein und die Hoffnung auf Erlösung verschwinden nie völlig. Sie stehen immer am Horizont, wie weit er auch immer entfernt sein mag.

Auch Jesus, wahrer Mensch und wahrer Gott, so glauben wir Christen, hatte sich als Mensch vor dem Tode gottverlassen gefühlt. Aber wir glauben, der Tod an sich wurde mit seinem Tod am Kreuz endgültig besiegt. Als Verheißung und Frohe Botschaft für alle Menschen zu allen Zeiten.

Kloster Amelungsborn bei
Stadtoldendorf am Solling/Vogler

3. Wie ich mir Gott vorstelle

Wetten auf Gott

Der Glaube an Gott ist nicht irrational. Wie gezeigt, sprechen gute Gründe dafür, auch im naturwissenschaftlichen Zeitalter an ein absolutes, transzendentes Wesen zu glauben.

Nach dem französischen Denker Blaise Pascal ist eine Wette auf Gott zulässig und für aufgeklärte Menschen berechenbar. Denn was gewinne ich für das Diesseits wie für das Jenseits, wenn ich glaube? Hier auf Erden erhalte ich ein Urvertrauen in die selbst mit allen wissenschaftlichen Mitteln nicht vollständig erkennbare Wirklichkeit. Ich werde durch Gott in meiner Freiheit bestätigt, ich befinde mich auf festem Boden und fest gehalten. Ich bekomme ein Empfinden dafür, woher alles kommt und wohin alles strebt.

Und damit sind wir bei der Hoffnung für das Jenseits. Das Leben hier in meinem kleinen Umfeld ist nicht sinnlos, nicht ziellos, es verfügt immer über die Hoffnung auf ein ewiges Leben. Kein ewiges Weiterleben auf diesem Planeten, sondern ein neues Leben im Reich Gottes. Das Reich Gottes als Chiffre für ein völlig anderes Dasein mit Gott und in Gott, ohne Zeit und Raum, ohne den Bedingungen des Irdischen ausgeliefert zu sein. Das sich auch nur annährend vorzustellen, übersteigt unseren Horizont.

Aber die Wette auf diesen Glauben ist viel sinnvoller als Unglaube, der kein warum, woher und wohin kennt. Und was würden wir verlieren, wenn wir auf das falsche Pferd gesetzt hätten? Im Diesseits nichts, die Freiheit und der Sinn würden uns dort immer begleiten. Ja, ‚nur‘ das Jenseits wäre verloren, das ewige Leben in Gott. Der Ungläubige hat beides verloren!

Die Bilder Gottes

Ja, in Gott, mit Gott, durch Gott im Himmel ewig leben. Das können wir nicht empirisch fassen. Gott selber ist rational ebenso wenig zu fassen – er ist nicht zu begreifen.

Sich ein Bild von Gott zu machen wird in vielen Religionen, wie z.B. dem Judentum und dem Islam, abgelehnt. Das hat seine guten Gründe, denn einerseits reicht unser Verstand dazu nicht aus, andererseits sollen ja keine Götzenbilder angebetet werden. Der Monotheismus kennt nur einen Gott für alles, für Ursprung, Sein und Ziel. Der Polytheismus stellt sich viele Götter vor, wobei jeder für etwas anderes zuständig ist, z.B. für das Meer, den Krieg, den Handel und die Unterwelt. Im Viel-Götter-Glauben ist es sehr einfach, sich Bilder von den unterschiedlichen Göttern zu machen. Sie können – wie bei den Griechen – auf dem hohen Berg Olymp sitzen und dort menschliche Eigenschaften darstellen.

Der jüdische Ein-Gott-Glaube verfügt wohl nicht über Bilder oder Skulpturen seines Gottes, aber dieser Gott hat sich manchmal plastisch offenbart, so etwa in einem sprechenden und brennenden Dornbusch.

Das Christentum verfügt über endlose bildliche Darstellungen Gottes. Dabei behilflich ist die Vorstellung der Dreieinigkeit Gottes, der Trinität. Gottvater als alter Mann mit weißem Haar und Bart, der über den Wolken schwebt. Der Heilige Geist als Taube, der aus den Wolken spricht. Gottes Sohn, Jesus Christus ist am einfachsten bildlich zu beschreiben, da er auf Erden als Mensch gelebt hat und um das 30. Lebensjahr herum gepredigt hat. Hier bekommt Gott in echt ein menschliches Antlitz, da er sich in Jesus ganz konkret, ganz persönlich als Mensch offenbart hat.

Für persönliche Gottesvorstellungen, gerade von Kindern ist dies ganz praktisch. Genauso für die Mission des Christentums, da ein anfassbarer, begreifbarer Gott eine hohe Überzeugungskraft ausübt. Es sollte dabei nicht unterschlagen werden, wie stark so eine menschliche Darstellung von dem allmächtigen und unerforschlichen Gott ablenken kann. So kann ein lebenslanger Kinderglaube entstehen, der dem Anthropomorphismus huldigt und zum Götzendienst mutieren kann.

Missbrauch des Wortes ‚Gott'

Schon das Wort ‚Gott' ist fragwürdig. Die Geschichte der Menschheit ist voll vom Gebrauch dieses Wortes, doch ganz oft in schrecklicher Weise. ‚Du sollst den Namen Gottes nicht verunehren' – so gebietet es schon das Alte Testament. Aber in welchem Namen sind so häufig Kriege geführt worden, so häufig Gerechtigkeit und Wahrheit bekämpft worden?

Kein Zweifel, das Wort ‚Gott' ist befleckt, besudelt und für viele zum Unwort geworden. Sollte ein so Blut beschmiertes Wort noch für einen allgütigen Gott genutzt werden? Ich meine ja, es gibt kein besseres, verständlicheres Wort für das Allerhöchste in unserer Kultur.

Im Judentum, Christentum und Islam geht es um einen persönlichen Gott, nicht um ein höchstes Prinzip oder um einen meditativen Zustand der im Verlöschen in das Nirwana gipfeln kann. Wie gezeigt geht es auch nicht darum, Gottes Bild als ‚alten weißen Mann' zu retten. Es geht um eine angemessene Vorstellung Gottes, die nicht kindlich, nicht banal, nicht irrational daher kommt. Unser heutiges Gottesbild kann nur aufgeklärt gezeichnet werden, wobei die Einhaltung der Naturgesetze nicht in Frage steht.

Ein Gott, der in das Weltgeschehen z.B. als Kriegspartei eingreift oder das Rote Meer teilt, ist vorwissenschaftlich. Wenn die Bibel nach aktueller kritisch-historischer Bibelauslegung z.B. Metaphern und Allegorien gebraucht, so sollte man diese nicht wörtlich nehmen.

Die Autorität der Heiligen Schrift bleibt so noch viel mehr gewahrt. Ebenso ist der lange und autoritär begangene Missbrauch Gottes als strafender und parteiischer Gott, klar zurück zu weisen. Im gleichen Verständnis ist Gott als ‚Oberkaiser' fehl am Platz, der die politische Ordnung, die soziale Struktur und ökonomische Welt einsetzt und erhält. ‚Von Gottes Gnaden' sind schon genug grausame Herrschaften ausgegangen.

Da die Naturgesetzte existieren und wir persönlich frei sind, benötigen wir keine veraltete bzw. verstellende Gottesvorstellung mehr. Nur dann können wir in der modernen Welt auch auf kulturell aufgeklärte Zeitgenossen zugehen und sie von Gott überzeugen.

**Philosophische Gottesvorstellungen
der ‚alten Griechen'**

Vorstellungen des Absoluten, des Höchsten hat es in der Geschichte der Philosophie viele gegeben. Schon einige Vorsokratiker im ‚alten Griechenland' haben vor über 2500 Jahren natürliche Elemente wie Feuer, Luft und Wasser für die Ursachen der Welt gehalten.

Anixamander ist noch einen Schritt weiter gegangen. Für ihn ist der Urgrund aller Wirklichkeit das Grenzenlose, das Unendliche. Damit formuliert er schon abstrakt und metaphysisch. Nicht mehr bestimmte Körper sind gottgleich, nein, das ‚Sein' wird qualitativ auf eine für den Menschen nicht mehr begreifbare Ebene gehoben.

In ähnlicher Weise sieht Xenophanes Gott als völlig andersartig als die Menschenwelt an. Er bezeichnet ihn als unendlich und vollkommen.

Der Grieche Platon, der wohl bekannteste Philosoph der Antike, hat uns ein umfangreiches philosophisches Werk in Dialogform hinterlassen. Er spricht von den basalen Ideen, die allen Dingen auf Erden und im Kosmos zu Grunde liegen. Göttlich ist die höchste Idee, das höchste Gut, darauf gründet sich die Existenz dieser Welt.

Aristoteles, auch ein bedeutender griechischer Denker, bezeichnet Gott als den ‚unbewegten Beweger' der die Welt von außen ins Leben gerufen hat. Diese Bewegung unserer Welt wird von Gott in Ewigkeit in Gang gehalten. Gott ist für Aristoteles kein materielles Etwas, sondern reine Wirklichkeit.

Philosophische Gottesbilder seit der Aufklärung

Wenn wir jetzt einen weiten historischen Sprung in die Epoche der Aufklärung unternehmen, dann müssen wir den Königsberger Immanuel Kant zu Wort kommen lassen. Er sieht Gott als theoretisch – von der sinnlichen Vernunft – nicht erkennbar und nicht beweisbar an. Folglich vermied er jede bildliche oder metaphorische Gottesvorstellung. Für ihn ist Gott aber im Kontext seiner Morallehre notwendig, im Rahmen seiner Schriften zur ‚praktischen Vernunft'. Kants Gott ist ein guter, ein moralischer Gott, der die Hoffnung auf eine ausgleichende Gerechtigkeit im Himmel offen hält. Nur Gott und die Aussicht auf ein ewiges Leben kann so tugendhaftes Verhalten auf Erden mit der Glückseligkeit im Himmel verbinden.

Hegel, ein wichtiger Philosoph des deutschen Idealismus, versteht Gott als offenbarer Geist. Alle seine Erscheinungen sind Geist und die Negation des Natürlichen. Der Geist ist Wissen, Gott ist das absolute Wissen und die absolute Wahrheit. Mittels der Philosophie kann der Mensch die Wahrheit und somit Gott erkennen, denn Gott teilt sich dem vernunft-begabten Menschen mit.

Für Feuerbach, Marx und Freud, die bekennende Atheisten sind, gibt es keine positive Bestimmung Gottes. Feuerbach versteht Religion nur als Projektionen menschlicher Wünsche und Schwächen.

Karl Marx – geistiger Begründer des Kommunismus – begreift Religion an sich nur als Menschenwerk. Daher werden Gott und die Religion als Opium des Volkes oder als Opium für das Volk gewertet. Dieses starke Rauschmittel behindert aus Sicht von Marx die gesellschaftliche Befreiung des Menschen, insbesondere der Arbeiterklasse.

Sigmund Freud, der Entwickler der Psychoanalyse, sieht Religionen als Illusionen an, welche die stärksten Wünsche und Bedürfnisse des Menschen befriedigen. Der Mensch erhält Schutz durch einen allmächtigen Vatergott, der auch eine sittlich gute Weltordnung garantiert. Der menschlichen Psyche wird in der Konsequenz eine große Erleichterung zu teil, die Konflikte aus der Kindheit lösen hilft.

Für Friedrich Nietzsche, dem denkerisch radikalsten Philosophen des 19. Jahrhunderts, ist Gott eine blanke Lüge geworden. Der Mensch hat Gott getötet, d.h. auf der einen Seite hat er ihn durch seine wissenschaftlichen Erkenntnisse als Vater, Richter und Belohner widerlegt. Auf der anderen Seite ist der Mensch nun völlig alleine im Weltall, ohne moralischen Grund und ohne Hoffnung auf Erlösung. „Wir haben den Horizont selber weggewischt und die Erde von der Sonne losgekettet".

Im 20. Jahrhundert sind in der Philosophie konkrete, positive und neuartige Gottesbeschreibungen Mangelware geworden. Es ist wohl in dieser so stark verwissenschaftlichen Zeit Philosophen fremd geworden, sich auf dieses geistige Minenfeld zu bewegen.

Eine rühmliche Ausnahme ist Alfred North Whitehead's Prozessphilosophie, welche die ganze Wirklichkeit, die ganze Natur als umfangreichen Prozess beschreibt. Es gibt letztlich nur Geschehnisse oder auch ‚Ereignisse' genannt, keine feste Substanz und keine Trennung von Geist und Materie. Diese Ereignisse kommunizieren untereinander, sie vernetzen sich und wachsen zusammen.

Die permanenten Ereignis-Prozesse stellen ein umfassendes, kompliziertes, aber sehr zu unserer modernen Zeit passendes, rationales Gottesbild dar. Gott ist nichts Statisches, sondern eine rein dynamische Wirklichkeit. In diesem System wird von Gott kein innerhalb noch außerhalb der Welt angenommen. Es ist aber eben so wenig ein substanzgeleiteter Pantheismus, der z.B. von Baruch de Spinoza im Zeitalter der Renaissance vertreten wurde.

Gott ist schließlich nach dem britischen Logiker Whitehead metaphorisch als ‚Poet der Welt' zu verstehen, der seine Ereigniswelt in Ewigkeit (in- und außerhalb der Zeit) in Güte und mit Geduld leitet.

Mystische Gottesbilder der Christenheit

Schauen wir jetzt speziell auf Gottesvorstellungen einiger christlicher Denker und Theologen. Hier lohnt ein etwas näherer Blick auf die christliche Mystik. Franz von Assisi, berühmter Ordensgründer im Hochmittelalter, erfährt Gott als Schöpfer aller Dinge. Assisi spricht Gott ganz persönlich mit ‚Du' an, da er ihn in sich selbst fühlt. Gott ist für ihn das Höchste, Allmächtigste und umfassend gute Wesen. Im ‚Sonnengesang' lobt er Gott für seine Schöpfung, wobei er die Sonne, den Wind, die Luft und die Wolken als Brüder bezeichnet. Zur Schwester werden unsere Mutter Erde, der Mond und das Wasser. Franz von Assisi vermittelt eine starke Schöpfungsspiritualität, die neben allen bedürftigen Menschen auch alle anderen Geschöpfe und Lebensräume gleichberechtigt umfasst.

Als Nachfolger in seinem Orden vertritt desgleichen Bonaventura einen Gott, der alle Dinge geschaffen hat und in ihnen aufleuchtet. Die Macht, Weisheit und Güte sind in allen Dingen, die Gott geschaffen hat. Gott lebt durch Präsenz, Essenz und Potenz in seiner Schöpfung, ohne aber mit ihr identisch oder von ihr begrenzt zu sein.

Auch Hildegard von Bingen beruft sich bei ihrem Gott nicht ausschließlich auf die Offenbarung der Heiligen Schrift. Sie nimmt das ‚Buch' der Natur zur Hand, die Blüh- und Grünkraft von Gottes schöner Schöpfung. Sie erfasst dabei eine große Dankbarkeit, ein schier endloses Staunen über die Wunder der Natur. In jedem Geschöpf kann der Mensch Gott erkennen und sich dankbar dafür erweisen. Hildegard empfindet in ihrem Herzen das unauflösliche Band, welches Gott mit dem Kosmos, den Menschen und allen Pflanzen und Tieren verbindet. Damit ist ein unbedingter Auftrag Gottes an den Menschen verbunden, nämlich die Schöpfung ehrfürchtig zu behandeln, sie zu hegen und zu pflegen. Der Mensch hat die Verantwortung für das Wohlergehen der Natur wie für seinesgleichen.

Der bekannteste europäische Mystiker des Mittelalters, Meister Eckhart, weiß um Gott als allmächtigen Schöpfer aller Dinge und Lebewesen. Gott selber ist reines Sein und reines Denken. Seine Seinsweise ist jedoch von der seiner Schöpfung grundverschieden. Gott kommt Erhabenheit, Einfachheit und Unwandelbarkeit zu. Zudem ist er die Ursache von allem in allen Zeiten.

Im Gegensatz dazu ist das Geschaffene vergänglich, vielgestaltig, veränderlich und leidend. Gott ist ewig gleich, die Schöpfung aber ist in einem ewigen Prozess von Werden und Vergehen gefangen. Folglich ist der Schöpfungsakt Gottes nicht abgeschlossen, sondern ein permanenter Prozess. Da für Gott aber keine Zeit existiert, ist das fortwährende Schaffen für ihn eine erhaltende Gegenwart seiner Welt. Im Resultat kommt der Wirklichkeit nur aus menschlicher Perspektive Anfang und Ende zu.

Für Eckhart haben alle Kreaturen aus sich heraus kein Sein. Nur in Gottes Präsenz kommt Geschöpfen Sein zu. Einzige Ausnahme davon ist die Seele des Menschen. Das obere Antlitz der Seele schaut Gott, ist sogar wesensgleich mit dem Sein des dreieinigen Gottes – mit dem Vater als schöpferischer Wille, mit dem Sohn als Wort und mit dem Heiligen Geist als Liebe. Der obere Teil der Seele kann demzufolge als Tempel Gottes auf Erden bezeichnet werden, in dem er selbst lebt und wirkt. In der menschlichen Seele beginnt so die eigene ‚Gottesgeburt' des Menschen.

Gottesbilder vom Apostel Paulus und vom Kirchenvater Augustinus

Für Paulus, dem wichtigsten Apostel der Christenheit, ist Gott ewig, allmächtig und gerecht. Seit Anbeginn der Zeiten hat sich der christliche Gott in seinen Werken offenbart. Doch die Menschen haben mit der Zeit ihn nicht mehr angebetet. Sie haben sich Götzen gemacht, tierische, pflanzliche und menschliche Abbilder. Die Schöpfung selber ist aber nicht mit Gott zu verwechseln und darf demgemäß nicht anstatt des Schöpfergottes angebetet werden.

Durch die Sendung von Jesus in unsere Welt – den Paulus als Messias, als Christus, als Gesalbter und Erlöser der Welt versteht – hat sich Gott als Mensch den Menschen offenbart. Nicht nur den Juden ist Jesus als Heilsbringer erschienen, nein, allen ,Heiden', allen Menschen in jeder Zeit. Dafür müssen die Heiden nicht erst das jüdische Gesetz annehmen, sie können direkt durch den Glauben an Jesus Christen werden. Nicht gute Werke und gute Taten sind entscheidend um ein guter Christ zu sein, der Glaube allein macht gerecht.

Jesus ist für Paulus das ,Bild Gottes', der als wahrer Mensch gelebt und gelitten hat. Ihn hat Gott auferweckt zum ewigen Leben. Er wurde von Gott zum Sohn Gottes. Nur durch Christus können wir Menschen auch das ewige Leben im Reich Gottes erreichen.

Augustinus, der große Kirchenvater der Spätantike, möchte Gott als dreieinigen Schöpfer des Himmels und der Erde verstehen. Der christliche Gott ist unwandelbar, ewig, allmächtig und schafft nur Gutes. Die Sünde, das Böse kommt nicht von Gott. Die Sünde ist keine Substanz und ist stattdessen Verkehrtheit des Willens, der sich von Gott abgewandt hat. Mithin gibt es für Augustinus keinen theologischen Dualismus – Gott für das Gute und der Teufel für das Schlechte. Die gesamte Schöpfung ist gut, sie hat Sein als Einzelnes und als Gesamtheit. Gott ist aber nicht selber die Schöpfung – er ist nicht das Geschaffene und das Geschaffene ist nicht Gott.

Der Mensch liebt nicht direkt die Pflanzen und Tiere und alles andere Geschaffene. Doch alle Geschöpfe sind von Liebe umfangen, wenn des Menschen Seele Gott liebt. Die Schöpfung erstrahlt, leuchtet, duftet und erklingt in der Seele. Die überzeitliche und raumlose Seele erhält in diesem Sinne Anteil an Gottes Güte und Schönheit.

Das Gottesverständnis von Thomas von Aquin

Thomas von Aquin, der bedeutendste christliche Theologe des Mittelalters, war ein exzellenter Kenner der griechischen Philosophie, insbesondere von Aristoteles. Mit dieser Expertise hat er versucht, Vernunft und Glauben nicht als Gegensätze, sondern als logische Verbindung zu verstehen. Konsequenterweise hat Aquin fünf Beweisketten für die Existenz Gottes entworfen.

Der offensichtlichste Erkenntnisweg zu Gott, stellt die Bewegung in der Welt da, d.h. es wird permanent etwas von der Möglichkeit zur Wirklichkeit gebracht. Des Weiteren bedarf alles der wirkenden Ursache, denn nichts von den Dingen in der Welt kann die Ursache in sich selbst tragen. Ähnlich verhält es sich mit den notwendigen Dingen, die nicht Ursache ihrer eigenen Notwendigkeit sein können.

Ein weiterer Gottesbeweis liegt in der Ursache des höchsten Seins, den Ursprung alles Seienden, alles Guten und alles Vollkommenen. Letztlich geht es um das Ziel aller Ordnung in der Schöpfung. Das finale Ziel allen Seins war, ist und bleibt Gott. Aquins Gottesbeweise sind begriffliche und logische Herleitungen der Existenz Gottes. Sie bringen uns aber nicht näher an das Begreifen Gottes. Er bleibt der Unbekannte, der unser tiefstes Staunen über die Welt und ihre Ordnung anregt. Dass die Welt überhaupt existiert, dass nicht ‚Nichts' ist, dass wir die Welt wahrnehmen können, muss uns mit höchster Ehrfurcht für alle Geschöpfe erfüllen.

Dieses Wissen führt uns in die Ähnlichkeit mit Gott, wir können hier auf Erden als Liebende handeln. Alles was passiert geht immerwährend aus Gottes Allmacht hervor und hat auch wieder das Ziel in ihm. Ein zeitloser Kreislauf der Liebe, um die gute Schöpfung in der Wirklichkeit Gottes zu halten.

Protestantische Gottesbilder:
Martin Luther und Karl Barth

Martin Luther, Urheber der Reformation am Anfang des 16. Jahrhunderts, konnte mit dem damaligen Gottesbild der katholischen Amtskirche nicht viel anfangen. Gott ist für ihn kein abstraktes Prinzip, kein weit entfernter Geist, den wir auf Erden nicht erleben können. Ebenso ist Gott nicht mitleidlos, nicht strafend und in der Folge verdammt er die sündigen Menschen nicht.

Gott ist für ihn einfach ‚gut', ganz der Gnade voll, die er den unvollkommenen und fehlbaren Menschen schenkt. Er ist nicht richtender Gott, sondern liebender Vater, der Barmherzigkeit walten lässt.

Ein wesentlicher Anlass für die von Luther eingeleitete Reformation war der Ablasshandel der römischen Kirche. Luther war strikt dagegen eingestellt, denn ein Loskauf von der eigenen Schuld war dem Wortlaut der Bibel entgegen gestellt. Die Auswüchse des Ablasshandels umfassten sogar die Möglichkeit, mit Spenden die Zeit der Toten im Fegefeuer zu verkürzen.

In der Konsequenz stemmt sich Luther gegen die Logik, mit guten Werken – ähnlich wie der Apostel Paulus es verkündet – das ewige Seelenheil zu erlangen. Der Mensch kann dem Gebot Gottes nach Liebe und gutem Willen nie ganz gerecht werden. Nur durch den Glauben an den einen Gott, nur durch das Vertrauen in seine Liebe und Gerechtigkeit, wird uns die Erlösung zu teil. Die Vergebung unserer Schuld bleibt immer der Gnade Gottes vorbehalten und steht schließlich nicht in der Macht des Menschen.

Im 20. Jahrhundert wird das Gottesverständnis des Schweizer Theologen Karl Barths intensiv diskutiert. Er will vom Anthropozentrismus wegkommen, also vermenschlichte Vorstellungen Gottes als unangemessen deklarieren. Gott ist das Unerkennbare. Er kann all das nicht sein, was die Moderne sich über ihn ausgedacht hat. Für alle möglichen Trivialitäten, geistige Verstiegenheiten und morsche Selbstgerechtigkeit wird Gott benutzt. Für Barth ist und bleibt er der oder das ‚ganz andere'.

Auch Jesus als wahrer Mensch und wahrer Gott zeigt durch sein ganzes Leben, durch sein Reden und Handeln eine unüberbrückbare Differenz. Gott ist von völlig anderer Qualität, er existiert außerhalb von Raum und Zeit und ist so unserer Anschauung und Bestimmung entzogen. Wir sollten demnach auf eine begriffliche Deutung bzw. Verdinglichung verzichten – sie kann nur fehlgehen und uns weiter von Gott entfernen.

Jede Instrumentalisierung, sei es gesellschaftlich, politisch, theologisch oder in sonstiger Weise muss folglich scheitern. Gott ist – soweit man sich der Unzulänglichkeit von Begriffen bewusst ist – total. Er ist souverän, er benötigt Menschen nicht für seine Definition.

Eine echte Begegnung mit dem so andersartigen Gott kann der Glaubende über die Heilige Schrift, insbesondere durch die Person Jesu versuchen. Buße, Umkehr und Glaube bleiben immer ein Wagnis des aufgeklärten Menschen. Die kirchliche Glaubensauslegung sollte Gottes Wort im Vertrauen auf Jesus Christus verkünden. Der dreieinige Gott selbst hat durch Christus unter uns gelebt, gelehrt und gehandelt. Er bleibt für jeden Gläubigen unweigerlich das Zentrum des Verständnisses von Mensch und Gott.

Meine Gottesbildskizze

Die vielen kurz angerissenen Gottesvorstellungen in der Theologie und Philosophie fordern den modernen, aufgeklärten Menschen heraus. Wenn der ehrlich Suchende den Weg des Glaubens an einen Gott beschreiten will, kann er sich nicht wegducken. Er sollte versuchen sich selber eine – mindestens vorläufige, immer wieder reformierbare – Antwort zu geben.

Natürlich ist eine bewusst verweigerte Antwort auch eine Gottesbeschreibung, oder nicht? Nein, ich glaube nicht. Wer auf (vermeintlich) rationaler Motivation alles Denken über Gott von sich weist, wird schwerlich irgendetwas Religiöses glauben können.

Ich kann nicht anders, als mir eine (vorläufige) Antwort zu geben. Ich habe ganz bewusst darüber nachgedacht und mir eine Vielzahl unterschiedlicher Gottesbilder vor Augen geführt. Im Wissen um jedes Unvermögen meinerseits Gott zu erkennen, zu beschreiben oder gar zu definieren, wage ich trotzdem eine Skizze.

Ja, ich glaube Gott ist <u>nicht</u> die Natur selber, ist also nicht identisch mit der sichtbaren Welt, dem Kosmos, der Erde, den Pflanzen und Tieren oder dem Menschen. Er ist kein objektivierbares Ding dieser Welt, er ist kein Objekt der Sinne. Auch im kantischen Sinne sehe ich ihn nicht als das ‚Ding an sich' an, welches nur wegen der Begrenztheit menschlicher Wahrnehmungs- und Anschauungsformen für uns nicht erkennbar ist.

Gott ist keinesfalls ein überirdischer alter Mann mit Bart, eine Taube, ein Sturm oder was auch immer der ‚Kinderglaube‘ sich so vorstellt. Es sitzt kein ‚Objekt‘ oberhalb der Erde im Himmel und überwacht, was seine ‚Schäfchen‘ so alles anstellen.

Auch die Qualität einer außerirdischen Existenz – ganz weit entfernt, jenseits unserer Milchstraße, versteckt in den Tiefen des Universums – trifft mein Bild nicht. Denn Gott würde sich dann ja nicht bei uns befinden, er wäre wirklich außerirdisch!

Ich glaube Gott ist nicht außerirdisch, er ist unserer Welt immanent. Aber er ist nicht nur diese Welt, er ist mehr als die Welt. Ich glaube auch, wir können uns das nicht so vorstellen, wie wir uns irgendwelche fremde Wesen im Bewusstsein ausmalen. Wir Menschen können prinzipiell kein Bild von Gott malen, wir können ihn höchstens prinzipiell mit bestimmten Qualitäten denken. Natürlich ist er immer mehr und anders als wir denken, das scheint paradox, ist es aber aus meiner Sicht nicht.

Ich kann Gott immer als den Größeren, den Allmächtigen, den Allgütigen, den Allwissenden denken, ohne ihn praktisch zu fassen zu kriegen. Das Denken außerhalb unserer vier Existenz- und Wahrnehmungs- dimension ist ja mathematisch z.B. innerhalb der Stringtheorien möglich, in denen auch parallele Universen ‚gedacht‘ werden können. Doch diese mathematische Operation ist in keiner Weise vorstellbar, wahrnehmbar, anschaubar, auch nicht in der meditativsten Wachheit oder in den schlimmsten Albträumen.

Wenn Gott das Attribut ‚allgegenwärtig‘ bekommt, so ist er doch nicht in Ortskoordinaten verortbar. Als Christ glaube ich, Gott nimmt Anteil an dieser Welt, an seiner Schöpfung. Er erlebt alle Bewegung, alle Prozesse und Strukturen, alles Freud und Leid, alles Geborenwerden und Sterben in seiner unvorstellbaren Weise. Immanenz und Transzendenz, Person und Nichtperson – es bleiben meine unvollkommenen Begriffe, menschliche Sprache, die Gott nie gerecht werden kann. Sie versucht aber etwas anzudeuten, etwas aufscheinen zu lassen von der Andersartigkeit Gottes – und darauf möchte ich nicht verzichten.

Ich stelle mir auch keinen statischen (den unbewegten Beweger) Gott vor, nein, ich sehe vor meinen Augen unermessliche Dynamik, ein ewiges Wirken, Werden und Halten der Welt. Sind dies dialektische Verklausuierungen oder Möglichkeiten der Erweiterung meines begrenzten Horizonts?

Sicherlich ist dies mein persönlicher Weg – kein Spaziergang – zu meinem Gott. Was heißt Ewigkeit Gottes und die Zeitlichkeit des sichtbaren Alls für mich? Es heißt philosophisch, die Zeit ist unsere anschauungsmäßige Bedingung, die sich metaphorisch in der Zeitlosigkeit Gottes spiegelt. Diese Bedingung, oder Begrenzung müssen wir verstehen und anerkennen, ansonsten können wir nur schweigen. Wenn ich aber schweigen würde, wäre mein Glaube verloren.

Für meinen Glauben muss ich in gleicher Weise die Person Gottes retten. In Jesus Christus hat sich der nicht begreifbare Gott begreifbar gemacht. Die Beschreibung ‚wahrer Mensch und wahrer Gott' offenbart, Gott ist natürlich unendlich viel mehr als eine Person. Aber Gott ist auch Person und das Person-Sein ist für uns Menschen, ist für mich essenziell in der persönlichen Angenommenheit. Ein Gottesbild, welches nur abstrakt in Naturgesetzen, im Urknall, im Nirwana etc. sich völlig verbirgt, reicht mir nicht hin.

Gott ist für mich auch Person, ist mehr als Person, ist auch in der Welt und nicht von der Welt. Er ist der Größte, Erste, Letzte und im Allerkleinsten präsent.

Es ist in unserer, in meiner Sprache nur paradox und dialektisch ausdrückbar. Und doch glaube ich ganz simpel an die Liebe Gottes, durch die das Leben hier auf Erden für mich erst Sinn bekommt. Dazu gehört der selbstverständliche Auftrag, die Schöpfung zu hegen und zu pflegen. Ich glaube auch an den gnädigen Gott, der um das Ungenügen unserer Werke weiß. Werke, die wir trotz aller Bedingtheit in Freiheit verrichten können und sollen.

Diese Freiheit auch zum Guten ist für mich bildlich – ähnlich wie Meister Eckhart es beschreibt – das ‚Seelenfünklein' Gottes in uns.

Heiland-Kreuz auf der Beller Burg

4. Warum ich mit Gott rede

Jesu Rede mit seinem Vater als Vorbild

Mit Gott reden, ist das für einen modernen, rationalen Menschen überhaupt möglich?

Macht man sich damit nicht in einer Gesellschaft lächerlich, die nur wissenschaftliche Erkenntnisse und effizientes Handeln akzeptiert?

Ist das nicht etwas für den Kinderglauben, der bei allen Schwierigkeiten des Lebens nur egoistisch um Hilfe bittet?

Ja, ist das nicht zutiefst areligiös, kindlich und dumm?

Solche Argumente sind nicht neu und weithin bekannt. Doch treffen sie wirklich den Kern des Sprechens mit Gott? Ich glaube nein, wenn die Rede mit Gott sich Jesus Christus zum Vorbild nimmt.

Jesus hat uns in den Evangelien sehr oft gezeigt, wie persönlich er mit seinem Gott, den er Vater – ja sogar ‚abba' = Papa – nennt, spricht. Das Hinwenden Jesu zu Gott ist bestimmt von größtem Vertrauen, einer unüberbietbaren Intimität. Gott ist für Jesus die höchste Bezugsperson seines Lebens, ohne dass er für ihn ein unnahbares, transzendentes Wesen ist. In Jesu

Gottesgesprächen ist sein Vater ebenso wenig strafend oder erpicht uns Fehler vorzuhalten.

Genauso weiß Jesu wie widersinnig es ist, Gott für unsere Fehler, Süchte, Gier und Egoismus wie einen Marionettenspieler einzuspannen. Ein Gespräch zu führen bedeutet hinzuhören, den anderen zu Wort kommen zu lassen, ihn wirklich ernst zu nehmen. Jesu Gespräche, die wir selbstverständlich auch Gebete nennen können, sind geprägt von Stille und Innigkeit. Damit bieten sie den Raum, in dem auch leise Töne und fast unaussprechliche Themen zur Sprache kommen können.

Mit Gott, wie mit den Eltern sprechen

Wenn wir voll Liebe und Vertrauen zu unseren Eltern Mama und Papa sagen, scheint das Beispiel Jesu ganz direkt auf diese Situation. Solch ein Gespräch mit den Eltern wird nicht auf offener Bühne ausgetragen, sondern ist ganz persönlich, von gegenseitigem Verständnis ummantelt und intim. So habe ich den Idealfall gezeichnet, wenn Familien mit allen Stärken und Schwächen Zeiten der Geborgenheit erleben. Natürlich funktioniert das zwischen Eltern und Kindern sehr häufig nicht. Doch jeder Mensch spürt instinktiv, wie es sein könnte und manchmal auch ist.

Gott ist aber keine begrenzte Person, wie unsere irdischen Eltern es sind. Wir können vor ihm kein falsches Zeugnis ablegen und er verlangt nichts Unmögliches von uns. Das Sprechen mit Gott darf demnach nicht als Kult, nicht als rein rituelle Handlung verstanden werden. Wir beobachten uns oft dabei, in der Messe oder am Tisch Gebete, ohne darüber nachzudenken, nur ‚aufzusagen'. Sprechen mit dem Vatergott, mit der Muttergöttin (Gott ist geschlechtslos, aber so wird das Bild der Elternschaft Gottes weiter), ist niemals eine Show um anderen Menschen Glauben vorzutäuschen. Es sollte niemals eine unpersönliche Pflicht oder gar Strafe für unsere vielen Verfehlungen sein.

Nein, es ist ein Geschenk dieses so persönlichen Gottes, der kein transzendentes, rationales Prinzip ist. Wir können mit der Person Gottes immer und überall in Kontakt treten. Wir dürfen in eine echte Beziehung zu ihm treten, mit dem Urgrund unseres individuellen Daseins, so intim wie mit unseren Eltern, von denen wir ohne Zweck und Leistung geliebt werden.

Intimes Reden mit Gott geht immer und überall

Wenn ein Gebet – die Rede mit Gott – echt sein soll, dann funktioniert das nicht ohne Liebe. Liebe kommt nicht von alleine, sie braucht Zeit, einen Raum der

Geborgenheit, wo tiefes Zutrauen möglich ist. Jesus hat uns empfohlen, in eine ‚verborgene Kammer' zu gehen. Dort können wir intim werden, uns sammeln bevor wir unsere ganz individuellen Worte formen. Jedes Gebet mit Gott kann dann die je eigene Betroffenheit zum Ausdruck bringen und so das ‚runterleiern' von Gebetsformeln vermeiden.

Aus dem tiefsten Herzen die persönlichen Anliegen mit seinem barmherzigen Gott besprechen, kann zu jeder Tages- und Nachtzeit und an jedem Ort auf dieser Welt stattfinden.

In einer unscheinbaren Kapelle, die fern menschlicher Behausungen auf einem kleinen Berg steht. Oder in einer mächtigen Kathedrale mitten im Zentrum einer Millionen-Metropole. Zuhause im eigenen Zimmer oder an Deck eines Schiffes in fremden Gefilden. An heiligen Orten, bei profanen Anlässen. In einem schönen Garten, im leuchtenden Herbstwald oder sonst wo – die ganze Schöpfung bietet uns Platz für das innige Reden mit Gott.

Was dürfen wir mit Gott besprechen? In einer guten Beziehung, ja, in einer Liebesbeziehung darf es prinzipiell (fast) keine Schranken, keine Tabus geben. Was auf Erden gilt, gilt noch viel mehr für die Zwiesprache mit unserem Gott. Alltägliche Sorgen und Nöte, ganz gewöhnliche Probleme – aber auch freudige Ereignisse oder Situationen voller Dankbarkeit.

Natürlich Zweifel im Glauben, Zweifel an Gott und der Menschheit. Alle großen Fragen des Lebens, der Liebe, des Leidens und des Todes müssen zur Sprache kommen. Dazu gehören die mit unserer Freiheit verbundene, häufig drückende Last der Verantwortung für unsere Nächsten und die Schöpfung.

Wir können uns Gott in unserer ganzen Freude, Schönheit, Begrenztheit und Verletzlichkeit zeigen. Wir brauchen uns nicht zu schämen, zu verstecken, nicht tarnen noch täuschen, nicht mogeln noch lügen.

Wo können wir je ehrlicher und wahrhaftiger sein, als im Gespräch mit Gott?

Wo können wir die größten Ängste, die schmählichsten Eitelkeiten, die schlimmsten Demütigungen, die tiefsten Wünsche sonst so schrankenlos vorbringen?

Ich glaube selbst unsere irdischen Eltern, Partner und Freunde würden oftmals damit überfordert sein. Denn wir Geschöpfe im Diesseits sind alle nicht vollkommen, müssen es ja auch nicht sein. Gott nimmt uns an, so wie wir sind. Mit diesem Glauben können wir Berge innerer Angst und Schuld versetzen.

Viele Menschen, die ihren eigenen Gesprächsweg mit Gott gehen, berichten staunend über die Wirkungen, dieses ehrlichen, gemeinsamen Redens. Problemberge werden kleiner, neue Räume für Freundschaft und Liebe öffnen sich, Krankheiten können getragen werden und das eigene Todeswissen führt nicht zur Verzweiflung. Jeder spürt die Dinge und Verhältnisse auf seine Weise und manchmal kann man sogar anderen Menschen davon berichten.

Ja, das Gespräch mit Gott ist nicht einseitig von Mensch zu Gott – Gott redet auch, er antwortet in allen offenen und verborgenen Formen. Gegenseitiges Hinhören im Vertrauen auf ein treues Liebesverhältnis. Was Jesus uns vorgemacht, vorgelebt hat, ist – Gott sei Dank – immer noch bei vielen Menschen lebendige Praxis. Auch wenn wir nur selten voll bewusst, ganz ehrlich, total innig und eins mit Gott sind. Der Weg dahin, die Intention und Haltung ist mehr als die halbe Miete.

Hindernisse auf dem Weg zu Gott

Gott weiß, wie viele Dinge und Situationen es uns schwer machen mit Inbrunst zu beten. Unsere Erfahrungen mit dem kultischen Glauben, also innerhalb der organisierten Kirche, sind häufig nicht von Vertrauen – oder besser – Glaube, Liebe und Hoffnung geprägt. Oft erinnern wir uns an verstörende Ereignisse, die uns alles drei eher verborgen haben. Eltern, Religionslehrer und Priester können viele Steine in den Weg legen, eine intime Beziehung mit Gott aufzubauen. Formeln und Katechismen, Dogmen und Verbote sind aber keinesfalls die Essenz des christlichen Glaubens. Der strafende Gott, der alle Sünder verdammt, ist viel zu oft in den Köpfen der Kinder und Jugendlichen eingepflanzt worden. Dieses negative Bild verstellt den Blick auf den liebenden Vatergott, der nährenden Gottesmutter Erde und völlig auf Jesu Reden und Handeln.

Auch die Lehren der akademischen Theologie sind sicherlich keine Abkürzung zum Wort Gottes. Um die ,Frohe Botschaft' zu verstehen benötigt der Einzelne kein Studium und keinen Titel. Ebenso wenig führen ein Auswendiglernen von Gebeten und Katechismen zum Ziel. Der Mensch braucht Vorbilder im täglichen Leben, die Jesu Worte in die heutige Zeit transportieren. Christlich liebende Eltern, ein zuhörender Religions-lehrer, Ferienfreizeiten im offenen christlichen Geist, Priester die Sorgen und Nöte ernst nehmen, können Hindernisse zum Glauben reduzieren helfen.

Jede Zeit verlangt nach eigenen Beispielen, eigenen Vorbildern und Übersetzungen. Der Kern der christlichen Botschaft ist so modern, so echt wie eh und je. Der Kern sollte – so glaube ich aus tiefster Überzeugung – unangetastet bleiben.

Der Kern der christlichen Botschaft ist Jesu Lieben, Leben, Reden und Handeln. Diese Botschaft handelt vom liebenden Gott, der uns ohne eigene Leistung liebt und zu dem wir uns immer in aller Liebe und Ehrlichkeit hinwenden können.

Das ‚Vater unser' als Geschenk an die Menschheit

Jesus selbst hat uns beten gelehrt. Er hat uns auch ein ganz einzigartiges Gebet hinterlassen. Er hat uns das ‚Vater unser' geschenkt. Es ist ein großes Geschenk an uns Christen, und ja, an die ganze Menschheit!

Über zwei Jahrtausende hat dieses Gebet vielen Glaubenden Trost und Zuversicht gespendet. Wie oft sind diese Worte in wie viel Sprachen und in so unterschiedlichen Begebenheiten gesprochen worden? Auf jeden Fall hat kein Gebet in der langen christlichen Geschichte eine so enorme Bedeutung erlangt. Häufig wurde und wird es rituell in Gottesdiensten und anderen religiösen Zeremonien eingebaut. Es ist damit bis zum heutigen Tag fester Bestandteil aller christlichen Kirchen über alle Zeiten hinweg geblieben. Daneben sprechen Christen das Gebet auch aus sehr persönlichen Gründen. Dies kann regelmäßig geschehen und wenn die Zeit dafür reif ist, z.B. in Zeiten der Trauer und Verlassenheit, bei innerer Leere und bohrendem Zweifel. Natürlich passt das ‚Vater unser' ebenfalls zu freudigen Ereignissen, wie zum Glück einer Geburt oder als Dankgebet für das Bestehen einer wichtigen Prüfung.

Es gibt gewiss unendlich viele Anlässe diese von Jesu gestifteten Worte für das Gespräch mit Gott zu verwenden. Leider wird das ‚Vater unser' häufig nur formelhaft runtergeleiert, ohne echte innere Teilnahme und Bewusstsein. Das liegt zum einen an der rituellen Verwendung und an der teilweisen Fremdheit der Worte für uns heute lebenden Menschen. Dazu kommt noch das Problem jeder Übersetzung aus kulturfernen Sprachen, hier von Altgriechisch oder sogar Aramäisch ins Deutsche. Wenn wir aber nicht wie die Heuchler beten wollen, dann sollte uns das Beten des ‚Vater unser' innerlich berühren und bewegen.

Das ‚Vater unser' in der Sprache Jesu

In diesem Zusammenhang habe ich mich an ein Buch erinnert, dass ich vor ca. 20 Jahren gelesen habe. Schon damals sprach mich die Intention sehr an, im ‚Vater unser' den ursprünglichen Sinn der Worte noch intensiver zu erhellen. Grundlage der dort vorge-nommenen Übersetzungs- und Interpretationssträge, ist die aramäische Sprache.

Aramäisch war zu Lebzeiten Jesu die Sprache des Volkes in Israel, in der Jesus auch gedacht und gelehrt hat. Es ist eine sehr alte Sprache des Orients, die stark mit dem Hebräischen und Arabischen verwandt ist. Sie wird in kleinen Teilen des Nahen Ostens noch heute gesprochen und z.B. in der Syrisch-Orthodoxen Kirche weiterhin rituell verwendet.

Wichtig für die Neuübersetzung des ‚Vater unser' aus dem aramäischen sind die mannigfaltigen Bedeutungsebenen, die doch teils erheblich vom griechisch- und lateinischen Sprachduktus abweichen. Unsere deutschen Bibelübersetzungen stammen ja grundsätzlich aus der griechisch- bzw. lateinischen Bibelfassung. Im Unterschied zu den europäischen Sprachen verfügt das orientalische Aramäisch über viele erd- und naturverbundene Aspekte, die uns sehr poetisch anmuten. Neben der sehr blumigen Metaphorik bedient sie auch mystische Traditionslinien. So vermeidet sie strenge Abgrenzungen zwischen Verstand, Geist und Leib. Das führt zu einer integrierenden Weltsicht, die Gott, Natur und Mensch im Kern nicht trennt.

Gott ist ‚Mutter und Vater für uns'

Für mich waren die dargebotenen Übersetzungen aus der Sprache Jesu Anlass, mich selber mit dem ‚Vater unser' von neuem zu beschäftigen. Schließlich habe ich ein eigenes Gebet entworfen, dass in heutiger Zeit hoffentlich wieder mehr Menschen ansprechen kann, einen persönlichen und leidenschaftlichen Zugang zu Gott zu finden.

An erster Stelle war mir wichtig das persönliche ‚Du' als Anrede Gottes zu vertiefen. ‚Du' sagen wir gewöhnlich in unserem Kulturkreis nur zu Personen, die uns gut bekannt sind und mit denen wir auch persönliche Themen besprechen können. Mit dem direktem ‚Du' in der Ansprache kommt aus meiner Sicht das Gespräch mit Gott noch einfacher in Gang, wird vom ersten Wort an mit Vertrauen angefüllt.

Als nächstes möchte ich für Gott die ‚volle Elternschaft' ermöglichen. Gott ist nicht nur Vater, sondern natürlich ebenso Mutter für uns. Nur durch Mutter und Vater kommen wir zum Leben, nur beide Elternteile ermöglichen uns eine liebende, geborgene Beziehung zu Gottes Welt aufzunehmen. Gott ist logischerweise beides, der ‚Gebärende' für uns Menschen und die ganze Schöpfung. Das nicht nur einmalig, nein, immer wieder und ewig. Gott wirkt in der Welt, behütet uns, bleibt immer Mutter und Vater für uns.

Als weiteren wesentlichen Punkt war mir immer wichtig, Gott als Schöpfer aller Natur in den Mittelpunkt zu stellen. Ein Schöpfergott, der alles Sichtbare und Unsichtbare erschaffen hat. Die Genesis im Alten Testament legt Zeugnis von den verschiedenen Schöpfungstätigkeiten Gottes ab. Zuerst sind alle anderen Dinge in die Welt gesetzt worden. Alle Landschaften, Tiere und Pflanzen sind nach der Bibel vor uns Menschen geschaffen worden. Die moderne Evolutionsbiologie bestätigt diesen grundlegenden Sachverhalt. Es war alles schon da, bevor der Mensch auf der Weltbühne erschien.

Im ‚Vater unser' kommt mir dieser Aspekt viel zu wenig vor. Der Mensch ist nicht außerhalb der sonstigen Schöpfung, er ist schlicht und ergreifend ein Teil von ihr. Schon wenn wir an die Symbole der Eucharistie denken – Brot und Wein – dürfen wir erkennen, wie intensiv wir körperlich und geistig mit allen Früchten unserer Mutter Erde verbunden sind.

Wir Christen sind eigentlich prädestiniert, das Lob der Schöpfung mit Inbrunst zu singen und zu beten. Viele Stellen in der Bibel erzählen von den Wundern der Schöpfung Gottes, die uns Menschen nur anvertraut worden ist. Nicht um sie auszuplündern, zu zerstören und abzunutzen, sondern sie zu hegen und zu pflegen. So wie der gute Hirte Jesus sich immer um seine Schafe gekümmert hat.

Ich glaube, die christliche Verkündigung hat sich bisher zu sehr nur mit der Erlösung des Menschen als ‚Krone der Schöpfung' auseinandergesetzt. Dabei hat sie alle anderen Wesen der Welt höchstens als überlebens-notwendig für den Menschen betrachtet. Das stimmt nicht für alle Theologen und Prediger in der langen christlichen Tradition (siehe z.B. den heiligen Franziskus mit seinem Sonnengesang). Aber es war die dominante Strategie und die Vormachtstellung des Menschen hat sich bei uns Christen tief eingeprägt.

Nicht umsonst haben vor allem die traditionell christlich geprägten Länder die industrielle Revolution ‚zu verantworten', die beträchtlich zur Vernichtung von Arten und Landschaften beigetragen hat. Mit gleicher

Münze beruht das naturwissenschaftlich-technische Weltbild weitgehend auf Erkenntnissen christlicher Wissenschaftler. Die daraus ableitbare Ambivalenz effektiver und effizienter Weltbearbeitung führte zu nie dagewesenem Wohlstand aber auch zu extremer Umweltzerstörung und Klimakrise.

Vor diesem Hintergrund müssen wir als Christen entscheidend dazu beitragen, den menschlichen Erlösungsanspruch mit dem Heil der Schöpfung zu versöhnen. Den Nächsten im Menschen sehen, übertragen im Tier, in den Pflanzen, in Bergen, in Flüssen und Meeren. Das bedeutet harte praktische Arbeit und vor allem eine geistig-seelische Neuausrichtung. Nur mit einer Veränderung der inneren Überzeugung, nur mit Leidenschaft im Herzen, lässt sich der Berg aktueller Aufgaben für uns und die Erde bewältigen.

Gespräche mit Gott um uns und der Schöpfung willen

Gespräche mit Gott in der Art, wie ich sie oben gekennzeichnet habe, können uns dabei sehr helfen. In der Folgezeit habe ich neben dem Gebet ‚Du! Mutter und Vater für uns‘ noch eine Reihe anderer Gebete verfasst, welche uns Menschen als Teil der Schöpfung begreifen helfen. Hierbei war mir besonders wichtig, die

Vielfältigkeit der Natur in den Blick zu nehmen. So viele vermeintliche Kleinigkeiten gehen uns im Alltag verloren, wenn wir uns nicht die Zeit nehmen die Fülle der Landschaft und der Tier- und Pflanzenwelt zu betrachten. Ob es wilde Kräuter am Wegesrand sind, oder ein kleiner klarer Wiesenbach. Ob es ein Glühwürmchen im Juniabend ist, oder ein warmer Sommerregen. Unzählige Begebenheiten als Teil der Schöpfung dürfen wir jeden Tag in unserer unmittelbaren Umgebung erleben. Ein wirklicher Reichtum, dem wir unsere Ehrfurcht und Fürsorge entgegen bringen sollten. Wir brauchen nur einen offenen Geist und Blick dafür.

Im Einklang mit Jesus

Als weiteren wichtigen Text im Neuen Testament habe ich mir die Bergpredigt genauer angeschaut. Die Seligpreisungen in der Bergpredigt sind sicherlich fast allen Christen geläufig. Mich haben die Worte schon als Jugendlicher betroffen gemacht, denn sie verlangen sehr viel von mir als Christen. Können wir das als unvollkommene Wesen wirklich alles leisten? Ist das nicht eine maßlose Überforderung, die uns hilflos zurücklässt?

Ja, so könnte man das Thema dann beiseite legen und nur auf die Gnade Gottes hoffen. Doch das kann es nicht sein. Nach meiner Überzeugung geht es Jesus um die geistige Erneuerung des Menschen. Ihm war wohl bewusst, wie unmöglich es für den Einzelnen ist, dem Idealbild der Seligpreisungen gerecht zu werden. Ihm ging es um die innere Haltung, um den inneren Kompass zu allen menschlichen Problemstellungen.

In der Neufassung dieses Textes war für mich leitend, moderne Menschen anzusprechen. Jesus spricht nun jeden einzeln direkt mit ‚Du' an. Das ‚Seligsein' ist für uns heute nicht wirklich verständlich, kann eher als ‚Beruhigungspille' verstanden werden, die nicht von dieser Welt ist. Deshalb habe ich die einleitenden Verse immer mit der Ansprache ‚Du bist im Einklang mit mir' formuliert. So wird klarer, wie die von Jesus beabsichtigte ‚gute innere Haltung' jedes Gläubigen mit seinem beispielhaften Leben verbunden werden kann.

Gebete für den Kampf um die Liebe Gottes

In einigen weiteren Gebeten kommt der innere Kampf des Menschen mit Gott zum Ausdruck. Es ist ein Kampf um den Glauben, der grundsätzlich jeden Menschen angeht, der auf der Suche nach Gott ist. Mir war wichtig zu zeigen, wie tief wir in dieser Welt mit ihren ich-bezogenen Problemen verstrickt sind und wie weit wir letztlich vom Ideal eines Christenmenschen entfernt sind. Unser Dasein ist eben nicht heil, nicht ganz, nicht klar, nicht so, wie wir vielleicht gerne wären. Es ist eher ambivalent und teils bigott – keine Faser unserer Gedanken und Taten ist bei klarer Sicht völlig gut. Immer ist irgendetwas dabei, welches zutiefst menschlich, ‚allzumenschlich‘ ist.

Und doch sollen wir dran bleiben, nicht aufgeben, nicht verzagen und unser Unvermögen für uns selbst und die anderen annehmen. Das sagt sich so leicht – nicht verzagen, immer wieder von neuem anfangen...

Aber dieser Kampf um unser Leben, um unser Leben bei Gott ist nicht leicht, er führt für viele ehrliche Menschen in die blanke Verzweiflung. Kein Stein bleibt mehr auf dem anderen, die blanke Angst packt uns. Einsamkeit, Gott- und Menschenverlassenheit liegt als Schicksal vor uns. Manchmal ist das Gefühl völliger Sinnlosigkeit sogar mit einer latenten Todessehnsucht verbunden.

Wenn wir uns auf den Weg zu Gott machen, können wir nicht davon ausgehen, morgen anzukommen. Nicht mal am Ende unseres irdischen Lebens sind wir schon ganz bei ihm. Wir müssen damit rechnen, bis zum Schluss nicht den Stein der Weisen zur Liebe Gottes gefunden zu haben. Alle guten Gedanken und Werke bleiben nur Versuche, sie haben nicht gereicht!

Was bleibt? Es bleibt nur die Hoffnung, die Hoffnung auf die Barmherzigkeit Gottes. Auf ein ‚Fünklein‘ seiner Liebe. Auf seine Gnade.

Ich freue mich sehr, wenn die folgenden Gespräche mit Gott – die persönlichen Gebete – auf fruchtbaren Boden fallen. Mögen sie einen kleinen Beitrag für die Liebe zu Gott, für den je eigenen Glaubenskampf und für die Liebe zu Gottes Schöpfung leisten.

‚Schneekreuz' auf der
Bosseborner Hochebene

5. Meine persönlichen Gebete

Du! Mutter und Vater für uns

Du! Mutter und Vater in Güte für uns,

der Du als Schöpfer des Himmels und der Erde für uns
wirkst,

der Du alle Pflanzen und Tiere um ihrer selbst willen
geschaffen hast –

Dein Name sei uns das Allerheiligste

und immer Licht in der Finsternis.

Fülle unsere Leere mit Deiner Kraft,

die uns Heil und Frieden zugleich sei.

Erschaffe Dein Reich des Lebens,

sende Deinen Geist in die Herzen der Menschen,

beatme alles was wächst und gedeiht auf Deiner
heiligen Erde.

Durch Deinen Willen vereinige Himmel und Erde zu
einer neuen Schöpfung.

Gib uns täglich Wasser und Brot

und schenke uns die Einsicht für das Wachstum
allen Lebens.

Erleichtere uns von der Last unserer Vergehen,

wie wir den Nächsten von seiner Schuld
befreien wollen.

Nimm unsere Enttäuschungen und Hoffnungen
in Dich auf,

wie auch wir unseren Nächsten Trost spenden wollen.

Behüte uns davor, irdischen Reichtum anzuhäufen

und dem Schein oberflächlicher Dinge zu erliegen.

Beschenke uns stattdessen mit den reifen Früchten
unserer Mutter Erde.

Wahrlich –

aus Deinem Reich strömen die Kraft und die Herrlichkeit

über allen Raum und alle Zeit hinweg!

Mögen sie immer die Quelle sein,

aus dem unser Glauben und Handeln für den Nächsten

und die ganze Schöpfung hervorgehen.

Amen.

Du bist im Einklang mit mir

Jesus spricht zu allen Menschen:

Du bist im Einklang mit mir,

wenn Du Deine Leere mit dem Heiligen Geist füllst –

Du wirst Gott erkennen und mit mir wohnen im Himmel.

Du bist im Einklang mit mir,

wenn Du Dich verwirrt und schwach fühlst –

Du wirst in Liebe den rechten Weg finden.

Du bist im Einklang mit mir,

wenn Du Deine Härte in Sanftmut auflöst –

Du wirst durch Mutter Erde reich beschenkt.

Du bist im Einklang mit mir,

wenn Du Dich nach einer friedvollen und gerechten
Welt sehnst –

Du wirst gesättigt und neu geboren werden.

Du bist im Einklang mit mir,

wenn Du Mitgefühl und Barmherzigkeit schenkst –

Du wirst bei Gott Gehör finden.

Du bist im Einklang mit mir,

wenn Du mit Dir im Reinen bist –

Du wirst in Gott Erfüllung finden.

Du bist im Einklang mit mir,

wenn Du den Samen des Friedens säest –

Du wirst zu einer Quelle des Reiches Gottes.

Du bist im Einklang mit mir,

wenn Du Unterdrückung und Vertreibung erfährst –

Du wirst heil und sein bei Gott.

Du bist im Einklang mit mir,

wenn Du um mich zu bezeugen

beschämt, verfolgt und als unwert bezeichnet wirst.

Sei mutig und habe keine Angst!

Was die Welt Dir auch tut,

Du wirst immer Kind Gottes sein

und das Himmelreich ist Dein Geschenk.

Heiligenbergkapelle bei Ovenhausen

Du Gott der Fülle, Liebe und Güte

Du Gott aller Menschen,

aller Tiere und Pflanzen,

aller Länder und Meere,

aller Sterne und Planeten,

aller Tage und Nächte –

öffne unsere Sinne für die Fülle Deiner Werke,

entzünde unseren Geist für die Liebe Deiner Taten,

entflamme unsere Seele für das Gute

Deiner Geschöpfe.

Lass uns so zu Verkündern werden:

Deiner unendlichen Werke,

Deiner liebenden Taten

und Deiner guten Geschöpfe.

Amen.

Gedicht:

O, Du Mensch der Erde und des Himmels

O, Du Mensch,

der Du als Leib von der Erde bist,

der Du als Seele vom Himmel blickst –

wandele auf reifer Früchte Wegen,

vertrau auf Gottes reichen Segen.

-

So wächst in Dir der Hände Kraft,

es fällt ganz ab die schwere Last –

und nun bist Du bereit zu guten Taten,

das Seelenheil kannst Du erwarten.

Wenn der Glaube Dich auch tief getroffen,

steht das Paradies danach weit offen –

Petrus steht bereit zum glorreichen Empfang,

dazu der Engel Chor mit luzidem Gesang.

Leberblümchen auf dem
Stockberg bei Ottbergen

Du Gott der kleinen und großen Wunder

Du Gott der Wunder,

sehen wir in der Blume am Wegesrand ihre leuchtende
Schönheit?

Erblicken wir die Zartheit eines Spinnennetzes im
Morgentau?

Hören wir die betörenden Melodien im Gesang des
Rotkehlchens?

Nehmen wir den lieblichen Duft der Rosen im
Abendlicht wahr?

Erblühen wir beim Anblick des frischen Grüns im Mai?

Schmeckt unser Gaumen die Süße der üppigen
Wildkirschen an heißen Sommertagen?

Fühlen wir das sanfte Säuseln des Windes in den
Blättern der Birken?

Erhebt sich unser Gemüt beim Plätschern eines klaren
Bergbachs?

Beruhigt sich unser Geist, wenn die Wolken lautlos am
Himmel ihre Bahnen ziehen?

Erstrahlt unsere Seele, wenn ein Regenbogen wie ein Prisma den Horizont umrahmt?

Erhebt sich unser ganzer Körper in einem heißen Sommergewitter?

Sind wir empfänglich für die Majestät einer alten, knorrigen Eiche?

Trifft uns ein Gefühl der Gelassenheit beim Anblick der roten Abendsonne?

Erzittern wir in Ehrfurcht, wenn gleißende Blitze die Nacht in strahlendes Weiß tauchen?

Entwickelt sich Freude über die goldenen Ähren eines reichen Sommertages?

Empfinden wir Liebe für den Kreislauf des Lebens beim Fall der bunten Blätter im Herbst?

Spüren wir das große Wunder des ersten Schnees über Feld, Wald und Flur?

...

So viele kleine und große Wunder deiner Schöpfung begleiten uns zu jeder Zeit und überall –

doch oft sind sie uns so fern. Gedankenlos, unbeteiligt, von unserem Alltag vereinnahmt nehmen wir den großen Wert für unser alltägliches Dasein nicht wahr.

Du guter Gott all dieser tausend Wunder,

schenke uns die Muße, das Gefühl und die Einsicht,

Deine ganze Schöpfung so zu lieben, wie uns selbst.

Amen.

Mohnblumen am Netheradweg vor Hembsen

Schöpfungsdank

Du dreieiniger Gott, der Du uns Deine Schöpfung geschenkt und anvertraut hast, lass dafür uns ohne Unterlass danken.

Dank sei Dir,

für Sonne und Regen, durch die Deine Erde lebt und wächst in Fülle.

Dank sei Dir,

für Wälder und Meere, durch die so viel Getier gedeiht.

Dank sei Dir,

für Flüsse und Seen, durch die Millionen Fische leben können.

Dank sei Dir,

für Felder und Wiesen, durch die wir unsere Nahrung bekommen.

Dank sei Dir,

für Frühling, Sommer, Herbst und Winter, durch die wir reiche Ernte erhalten.

Dank sei Dir,

für Wind und Stürme, durch die wir das Leben spüren.

Dank sei Dir,

für Farben und Geräusche, durch die wir Dein Werk
sehen und hören.

Dank sei Dir,

für Geschmack und Gerüche, durch die wir die Welt
tief in uns aufnehmen.

Lass uns Deine Schöpfung im Kleinen wie im Großen
tief in unserem Herzen erleben und Dich als lebendiger
Gott in allem begreifen.

Amen.

Wildpferde auf dem Dreisch bei Bruchhausen

Fülle unsere Herzen mit Dir

Du unser Gott, der Du in all Deinen Kreaturen bist und alle Kreaturen in Dir. Noch bevor Du uns geschaffen hast, ist diese schöne und lebendige Natur aus Dir entstanden. Du begegnest uns in jedem Wesen auf dieser Erde, das ist ein unermessliches Geschenk. Schaffe Platz in unserem Herzen für die unzähligen Geschöpfe Deiner Welt.

Fülle unsere Herzen mit Dir,

wenn Du als Adler in hohem Flug am Himmel auf uns nieder blickst.

Fülle unsere Herzen mit Dir,

wenn Du uns als Glühwürmchen in der Dämmerung leuchtest.

Fülle unsere Herzen mit Dir,

wenn Du im Schwarm der Kraniche uns die Weite des Horizonts zeigst.

Fülle unsere Herzen mit Dir,

wenn Du als Lilie auf dem Felde uns Deine verborgene Pracht entfaltest.

Fülle unsere Herzen mit Dir,

wenn Du als Eule in lautlosem Flug uns Gelassenheit
und Weisheit lehrst.

Fülle unsere Herzen mit Dir,

wenn Du im Samen in guter Erde uns reiche Frucht
bringst.

Fülle unsere Herzen mit Dir,

wenn Du als majestätischer Baum uns die Luft zum
Atmen gibst.

Fülle unsere Herzen mit Dir,

wenn Du als warmer Sommerregen zur Quelle unserer
Nahrung wirst.

Fülle unsere Herzen mit Dir,

wenn Du als Regenwurm unsere Mutter Erde
fruchtbar hältst.

Fülle unsere Herzen mit Dir,

wenn Du als Löwe die Kraft und Erhabenheit Deiner
Natur vorlebst.

Fülle unsere Herzen mit Dir,

wenn Du uns von hohen Gipfeln die Wunder der Erde
erblicken lässt.

Fülle unsere Herzen mit Dir,

wenn Du im sanften Flügelschlag eines Schmetterlings
uns den ewigen Wandel des Lebens spüren lässt.

Fülle unsere Herzen mit Dir,

wenn wir im süßen Wein den Geschmack Deiner
Ewigkeit kosten dürfen.

Fülle unsere Herzen mit Dir,

wenn wir im körnigen Brot Anteil an Deinem göttlichen
Wesen nehmen können.

Fülle unsere Herzen mit Dir,

wenn Du als Kind jedem Menschen den Neubeginn
Deiner Schöpfung versprichst.

Amen.

Ringelblumen auf unserem ‚Acker' am
ehemaligen Kurpark Bruchhausen

Kampf meines Herzens

Herr,

ich führe in meinem Innersten einen Herz zerreißenden Kampf. Ich mühe mich ab, den vielen Versuchungen der Zeit zu entfliehen, doch meine Ich-Bezogenheit ist so unendlich stark. Alle guten Vorsätze verpuffen am Ende vor der Macht meiner unersättlichen Wünsche und Begierden.

Herr,

ich bitte Dich in diesem Kampf mich
von Zeit zu Zeit zu tragen,

meine Wunden zu verbinden und mich mit einem Kelch
voll Vertrauen zu laben.

Ich weiß, ohne Deine barmherzige Hilfe –

die ich mir nicht verdienen kann –

werde ich unterliegen.

Mit Dir aber, werde ich weiter kämpfen,

von Schritt zu Schritt durch alle dunklen Nächte.

So hoffe ich am Ende auf Gnade, die meine sehnlichste

und letzte Hoffnung bleibt. Amen.

Lourdes Grotte in Borgentreich

Ich Verzweifelter suche Dich, oh Barmherziger!

Schweiß gebadet irre ich in Deiner Welt umher, verzweifelt suche ich Dich. Zeig mir wenigstens eine kleine Spur von Dir, ein winziges Zeichen der Hoffnung. Dass Du nicht verschwunden bist, dass Du uns nicht für immer alleine lässt.

Warum tust Du uns das an? Was haben wir anderes getan, als unsere Freiheit zu leben? Du hast uns doch den freien Willen gegeben, Gutes und Böses zu tun. Du hast uns damit so mächtig gemacht, Du hast uns so gemacht wie wir sind!

Und wenn wir uns selbst zu Göttern auf Erden empor gehoben haben, dann konnte es doch nicht ohne Dein Zulassen geschehen?

Ja, wir haben uns die Erde und alles was da lebt Untertan gemacht. Wir haben sie in kurzer Zeit so eingerichtet, wie wir am besten darauf leben können. In wilder Natur können wir nicht gut leben, wir haben gelernt, wir haben Werkzeuge erfunden, wir haben Kultur in die Welt gebracht. Wir sind doch nicht nur Natur, wir sind doch auch Kulturwesen. Da gibt es doch viele gute Sachen, die wir erfunden haben. Denk doch nur an die erhabenen Tempel und Kirchen, an die so zeitlosen Werke der Kunst und Musik.

Dabei sind wir nicht stehengeblieben, ich weiß. Wir haben alles verändert, jeden Lebensraum auf Deiner Erde, es gab und gibt kein Halten. Aber wo gehobelt wird, fallen auch Späne. Ja, die Späne wurden immer größer und größer. Manchmal haben wir das Holz gleich ganz mit weggehobelt.

Ganz ehrlich, ohne Unterdrückung, Versklavung, Massenmord und massiver Zerstörung haben wir es nicht geschafft. Das war und ist nicht schön – aber es kann doch kein Paradies für alle Geschöpfe auf Erden geben. Es können doch nicht alle Werke Deiner Schöpfung gleich viel wert sein? Du hast uns doch nach Deinem Bilde geschaffen und als ‚Krone der Schöpfung' in Deine Welt gesetzt – das waren doch nicht wir selbst!

Also bitte, bitte hilf uns jetzt, denn wir spüren, so können wir auf unserem Weg nicht weiter machen. Langsam, ganz langsam geht Manchem ein Licht auf, dass der Weg des immer mehr, des immer höher und weiter uns selbst vernichten kann. Technische und wirtschaftliche Machbarkeit sind unsere Götter geworden. Und das Geld, der Konsum und … was für traurige Götzen!

Wir haben uns maßlos überschätzt. Wir dachten, Deine Welt und unser Vermögen seien grenzenlos. Alles könnte immer so weiter gehen und wir haben alles im Griff.

Nein, wir haben das nicht im Griff, wir haben rein gar nichts vollständig unter Kontrolle. Wir sind eben fehlbare, irrende Menschen, keine allwissenden ewigen Götter!

Einige wenige von uns fangen an, Dich nun wieder ehrlich zu suchen, so wie ich, getrieben durch die nahenden Katastrophen. Getrieben durch die Sehnsucht nach Zukunft. Zukunft auf Deiner Erde, von der wir ein Teil sind, der sich total verrannt hat. Der zur Sackgasse der Evolution werden kann.

Das macht mich so unendlich traurig. Ich fühle mich nur noch leer und abgebrannt.

Warum haben wir Deine Geschenke an uns so missbraucht, so gedankenlos, so überheblich und brutal missbraucht? Wir haben unsere und die Zukunft so vieler anderer Arten schlicht verspielt. Bei diesem Gedanken wird mir ganz übel. Ich schwanke und sinke taumelnd zu Boden. Mir bleibt in meiner Verzweiflung nur die blanke Angst.

Bitte, ich flehe Dich an, gib mir ein Zeichen Deiner Nähe, Deiner Fürsorge, trotz allem. Du bist doch unser Gott der Barmherzigkeit, auch wenn wir Dich bei Leibe nicht verdient haben.

Sei unser barmherziger Vater, der die Menschheit wie einen verlorenen Sohn in seine Arme schließt. Wir bitten um die Gnade der späten Einsicht, Deinen Weg der Liebe und des Lebens für Deine Schöpfung wieder neu zu erkennen. Wir bitten um die Kraft und den

Glauben, gemeinsam Deine heilige Erde und uns aus der dunklen Nacht der Zerstörung zu führen.

Bitte sei uns nicht mehr fern, komm in unsere Nähe und wenn nötig, trage uns ein Stück des Weges.

Amen.

Nach Deiner Liebe suchen

Den langen Weg der Taten habe ich beschritten –

hat es mich Dir näher gebracht?

Vielen Menschen habe ich Deine ‚Frohe Botschaft‘
verkündet –

haben sie je etwas von Dir gesehen?

Ich habe oft versucht mit Dir zu reden –

hast Du mich je gehört?

Für diese Welt fühle ich mich nun wie tot,

meine letzten Kräfte lassen mich im Stich.

Es kommt mir jetzt so leicht vor, mein Leben

und diese Welt für immer zu verlassen.

Nur eines schaffe ich noch nicht – Dich aufzugeben!

Nicht mehr nach Deiner Liebe zu suchen kann ich nicht,

nur noch ein Fünklein Liebe von Dir, bitte …

Amen.

Knorrige Eiche am Steinberg
bei Wehrden an der Weser

Komm mit mir in den Garten!

Sag – kommst Du mit mir in den Garten des Herrn?

Dort, wo die schönen Blumen blühen,

dort, wo die Bäume reife Früchte tragen,

dort, wo der Tau auf dem grünen Gras funkelt,

dort, wo die vollen Weinreben ihre Süße zeigen,

dort, wo die Vögel ihre hellen Lieder trillern.

Bleib nicht stehen, tritt mit mir aus der Dunkelheit und Schwere dieser Welt heraus.

Sieh, das Gartentor steht einen Spalt offen - der Duft von süßem Wein und köstlichen Speisen streichelt meine Nase.

Es wird Zeit mein Freund, das Festmahl ist schon für uns bereitet.

Hab keine Angst, ich nehme dich an die Hand, dann gehen wir gemeinsam zur Tafel des Herrn.

Amen.

Was ist Liebe?

Liebe ist die Ewigkeit im Augenblick

des Glücks zu spüren,

den endlosen Horizont des Lebens zu umarmen,

tausend Ängste in Stücke zu schlagen,

gegen alle Welt seinen Traum zu leben -

und noch

im letzten Atemzug das Leben zu lieben!

Nachwort

Anlass dieses Buches über meinen persönlichen Schöpfergott war das erneute Lesen des Buches ‚Das Vaterunser' von Neil Douglas-Klotz. Es hat mich als erstes zu einer Neufassung dieses wichtigen Christengebets inspiriert. Herausgekommen ist ein ganz eigenständiges Gebet, welches eben auch den Titel des vorliegenden Buches wiedergibt – ‚Du! Mutter und Vater für uns'. Nachdem mich das Werk von Douglas-Klotz ebenfalls zu einer Neuinterpretation der Seligpreisungen motiviert hat, sah ich mich fast gezwungen, mir selbst noch einmal pointiert Rechenschaft über meinen christlichen Glauben abzulegen.

Ich habe mir schließlich eine Auswahl theologischer Schriften von Augustinus, Aquin, Meister Eckhart, Schleiermacher über Barth, Rahner, Küng und Drewermann erneut zu Gemüte geführt. Ebenso habe ich das ganze Neue Testament und wichtige Abschnitte des Alten Testaments neu gelesen. Zur Abrundung waren für mich auch einige geschichtliche und philosophische Werke (vor allem von Kant, Schelling und Nietzsche) über die Christenheit Gedanken formend.

Alles neue Durchdenken und das Notieren wichtiger Einsichten haben mich dann in der Absicht bestätigt, dieses Buch zu schreiben. Für mich war diese Zeit sehr lehrreich, denn so konnte ich mir klarer als bisher die Essenz meines Glaubens vor Augen führen. Zudem hat es mir sehr viel Vergnügen bereitet, neue Gebete zu formulieren und das Ziel der Bewahrung der Schöpfung auch dort zu integrieren.

Die von mir aufgenommen Fotos, zeigen ,Miniaturen' unserer schönen Natur und lebendige christliche Orte im Weserbergland.

Höxter-Bruchhausen, im Herbst 2020

Raymond Homann

Buchen auf der Wildburg bei Amelunxen

Zeitfracht Medien GmbH
Ferdinand-Jühlke-Straße 7
99095 Erfurt, Deutschland
produktsicherheit@kolibri360.de